A mia moglie Chiara
e alle mie figlie
Elisa e Francesca.

Realizzazione editoriale a cura di **EDITO Ag. ed.** (VR)

Redazione e impaginazione della nuova edizione:
a cura di EDIMEDIA SAS, via Orcagna 66, Firenze.

Disegni: Archivio Giunti

Referenze fotografiche:
tutte le immagini appartengono ad Archivio Giunti / © Arc-en-ciel, Verona,
a eccezione delle seguenti:
Corbis: © Comstock p. 4 © Tracy Kahn p. 6, © Patrik Giardino p. 7,
© Serge Krouglikoff/zefa p. 15a, © Luca Tettoni p. 24, © Tim Tadder pp. 25, 41,
© Henryk T. Kaiser/Index Stock p. 36, © John-Francis Bourke/zefa p. 42a.

Dove altrimenti non indicato, le immagini appartengono all'Archivio Giunti.
L'editore si dichiara disponibile a regolare eventuali spettanze per quelle immagini di cui non sia stato possibile reperire la fonte.

Un particolare ringraziamento a Valentina Volpe, Cristina Canovai e Linda Perina che si sono gentilmente prestate per la realizzazione delle fotografie.

Per la disponibilità nell'aver messo a disposizione le attrezzature Weider Crunch Trainer e Weider Zone Toner un ringraziamento al negozio Giacomelli Sport.

www.giunti.it

Via Bolognese 165 - 50139 Firenze - Italia
Via Dante 4 - 20121 Milano - Italia
Prima edizione: agosto 1999
Nuova edizione: aprile 2008

Ristampa	Anno
6 5 4 3 2 1 0	2012 2011 2010 2009 2008

Stampato presso Giunti Industrie Grafiche S.p.A. - Stabilimento di Prato

Roberto Maccadanza

L'arte degli ADDOMINALI

GIUNTI DEMETRA

SOMMARIO

CORPO E MOVIMENTO

A cosa serve fare attività motoria?

A volte può assalirci improvvisa la voglia di iscriverci nella palestra frequentata dall'amica del cuore: si parte con le migliori intenzioni e dopo un paio di lezioni si trova una scusa qualsiasi per non andarci più, acquistando piuttosto quel bell'attrezzo, consigliato dal vicino di casa che così ha risolto tutti i suoi problemi. Dopo una o due settimane dal benvenuto in casa, anche l'attrezzo infernale diventa un ospite indesiderato, tanto da farci inventare qualsiasi giustificazione pur di evitare di affrontarlo. Si arriva a conclusioni filosofiche sul tran-tran della vita quotidiana – che è pur sempre lo stesso a prescindere dall'attività fisica, dalla fatica e dal sudore – quindi... non c'è nemmeno più il motivo di preoccuparsi tanto.

Alla domanda che apre questa introduzione, cerchiamo quindi di dare una risposta per fare in modo che anche i più convinti detrattori dell'esercizio fisico cambino decisamente opinione.

Il corpo umano è stato concepito con le funzioni del movimento e della stasi, dell'attesa e della fuga. Con il tempo, grazie anche all'apporto della tecnologia, c'è sempre meno bisogno di muoversi perché le auto, gli ascensori – e non ultimo l'uso del computer e di Internet – hanno fatto sì che le attività motorie cedessero il passo alla staticità.

La società stessa non favorisce il movimento in quanto la mancanza di spazi aperti, dove i più piccoli possano giocare e gli adulti possano muoversi liberamente dedicando un po' di tempo al proprio corpo, è purtroppo condizione diffusa nelle nostre città.

Il nostro organismo ha però bisogno di essere sollecitato se lo si vuole mantenere in buona efficienza: le semplici attività quotidiane (alzarsi, camminare, fare la spesa ecc.) da sole non sono sufficientemente di stimolo al corpo. Per questo è necessario organizzare un lavoro basato sull'**esercizio fisico** che permetterà al nostro corpo di adattarsi a una tipologia di movimenti che a lungo andare non potranno che rivelarsi per esso benefici.

Effetti funzionali del movimento

Per capire bene l'importanza dell'esercizio fisico è fondamentale spiegare quali sono gli effetti derivanti dal suo svolgimento.

Tali effetti verranno suddivisi per comprendere con più facilità che quando il corpo reagisce agli stimoli dell'esercizio lo fa nella sua interezza, sia fisicamente sia psicologicamente, e non a compartimenti stagni, cioè una parte divisa dall'altra.

Detto questo, i principali effetti dell'esercizio fisico si hanno in relazione a:
- apparato scheletrico,
- apparato muscolare,
- articolazioni,
- apparato respiratorio,
- apparato circolatorio,
- apparato digerente,
- sistema nervoso,
- conseguenze psichiche e sociali.

Analizziamoli in dettaglio.

► **Apparato scheletrico**. Il movimento stimola la crescita in lunghezza e larghezza delle ossa (soprattutto in età giovanile). Con il movimento le ossa verranno nutrite meglio, e di conseguenza potranno rafforzarsi e diventare più resistenti, contrastando con maggiore efficacia gli eventuali traumi.

► **Apparato muscolare**. Il movimento provoca notevoli variazioni sui muscoli: ne modifica esteticamente la forma, li può far funzionare in maniera più economica, conferendo loro nel contempo elasticità e resistenza.

Il muscolo aumenta la propria massa al crescere del numero delle fibre e dei capillari e, incrementando le riserve di nutrimento, esso può lavorare meglio e più a lungo.

► **Articolazioni**. Il movimento agisce sulle articolazioni e sui suoi componenti (legamenti, capsule e superfici articolari) rendendoli più efficienti. Viene prodotto più liquido sinoviale (la sostanza presente all'interno dell'articolazione che permette la fluidità del moto) migliorando così il movimento, rendendo i legamenti più elastici e più resistenti e quindi anche più forte la membrana che riveste l'articolazione.

► **Apparato respiratorio**. Essendo preposto al rifornimento di ossigeno, assieme all'apparato cardiocircolatorio, durante il movimento l'apparato respiratorio aumenta notevolmente le proprie attività. Cresce l'intensità degli atti respiratori, la funzionalità degli organi direttamente collegati (polmoni, bronchi, alveoli), la mobilità della gabbia toracica e della colonna vertebrale, con conseguente miglioramento della posizione del torace.

PERCHÉ UN TESTO SUGLI ADDOMINALI?

Già, perché?!! Tale domanda è più che lecita, se si pensa anche che in più occasioni si è ribadito che **il corpo va considerato come un tutt'unico**, per cui trattarne una sola parte potrebbe sembrare limitativo.

Ecco quindi una breve, ma valida, spiegazione, riassumibile in poche righe, che tuttavia risulterà più chiara durante la lettura del testo.

Si fissa l'attenzione sugli **addominali** perché:
- rappresentano un punto importante nella statica e nella dinamica del corpo umano;
- è facile compiere degli errori se non si interviene in modo corretto e se non si è a conoscenza dei presupposti di tipo teorico;
- vengono considerati un punto di partenza atto a risvegliare la voglia di ascoltare il proprio corpo e le sue esigenze;
- non siamo costretti a mettere in naftalina l'ultimo paio di pantaloni o l'ultima gonna di "quando eravamo in forma".

Tutto gira intorno alla volontà di intervenire su se stessi, per sentirsi bene con se stessi e per fare in modo che l'esercizio fisico diventi una sana abitudine quotidiana.

▶ **Apparato circolatorio**. Costituisce un sistema chiuso formato da strutture diversificate (vene, arterie e capillari) il cui centro focale è rappresentato dal cuore. Il cuore infatti dà la spinta necessaria affinché il sangue possa raggiungere tutte le diverse parti del corpo che hanno bisogno di energia, soprattutto durante l'esercizio fisico. Il cuore reagisce in due modi al lavoro fisico: aumentando il numero dei battiti cardiaci e accrescendo la potenza della contrazione del cuore.
L'aumento della frequenza cardiaca, non è una **reazione economica**, in quanto il cuore non ha il tempo di riempirsi completamente e perciò mette in circolo una minore quantità di sangue: tale situazione è tipica delle persone non allenate.
L'aumento della gittata cardiaca è invece una **reazione funzionale**, in quanto essendo il cuore costretto a lavorare di meno riesce a spingere più sangue a ogni contrazione.
L'esercizio fisico costante produrrà una variazione del secondo tipo, molto più importante da un punto di vista sportivo, oltre che per la prevenzione dei problemi cardiaci che possono insorgere in età adulta.

▶ **Apparato digerente**. Il movimento migliora i processi digestivi e secretivi, rendendo più efficace il lavoro dello stomaco, dell'intestino e del fegato, quest'ultimo impegnato nell'esecuzione di processi estremamente importanti per lo svolgimento dell'attività motoria (trasformazione degli zuccheri in glicogeno, risintetizzazione dell'acido lattico – prodotto di scarto del lavoro muscolare – in glicogeno e regolazione dell'afflusso venoso al cuore).

▶ **Sistema nervoso**. Le variazioni apportate dall'esercizio fisico, tendono a far sì che la qualità del movimento migliori, diventando più preciso, coordinato e veloce, e quindi più economico e finalizzato. Si acquisiscono così degli automatismi che risultano molto importanti soprattutto a livello sportivo, con un notevole miglioramento del tempo di reazione e delle capacità sensoriali (udito, vista, tatto ed equilibrio).

APPARATO SCHELETRICO E CIRCOLATORIO

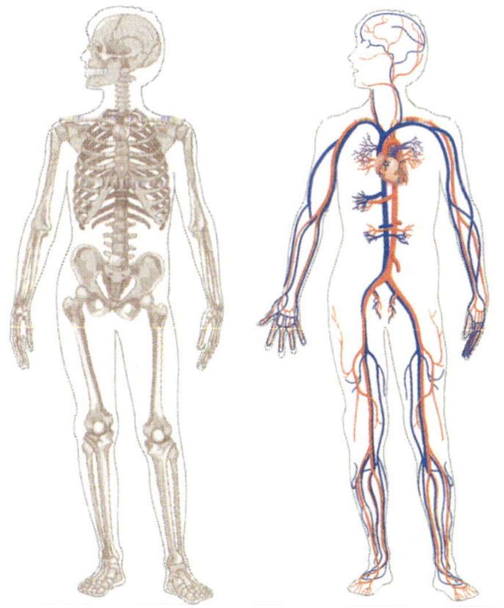

APPARATO MUSCOLARE E SISTEMA NERVOSO

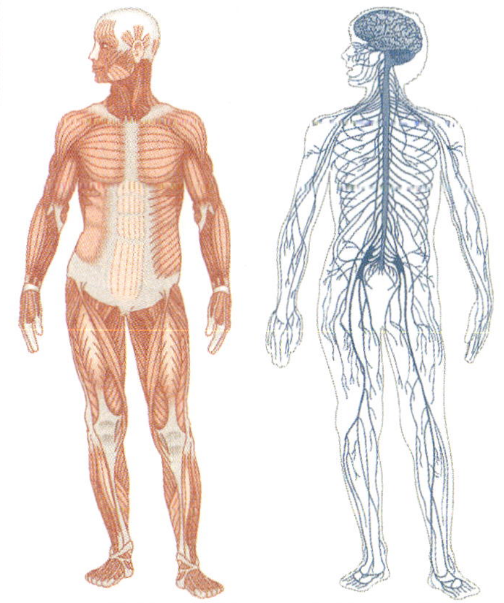

► **Conseguenze psichiche e sociali**. Esiste una forte correlazione fra l'attività motoria e quella mentale, e su tale concetto si basa gran parte dell'insegnamento, fin dai primi rudimenti.
Strettissimo è il rapporto fra le acquisizioni intellettuali e il movimento nella prima infanzia, con influenze sull'attività immaginativa, ricettiva e mnemonica.
Anche se si è portati a pensare il contrario, l'attività motoria aumenta il rendimento intellettuale, migliorando l'elasticità mentale e la risposta alle sollecitazioni. La soluzione del problema motorio altro non è che lo spostamento di un atto intelligente in movimento.
Vengono quindi stimolati gli stati emotivi (gioia, felicità, tristezza e tensione) ma soprattutto il loro controllo, cosa che permette di esercitare un miglior equilibrio e un maggior autocontrollo, anche nella quotidianità.
Grazie all'attività motoria rifiorisce notevolmente il senso di autostima, la consapevolezza di sé e delle proprie capacità, aspetto da non sottovalutare, soprattutto durante la terza età, periodo ben lungi da stimolare chi lo vive.

L'APPARATO CARDIO-VASCOLARE

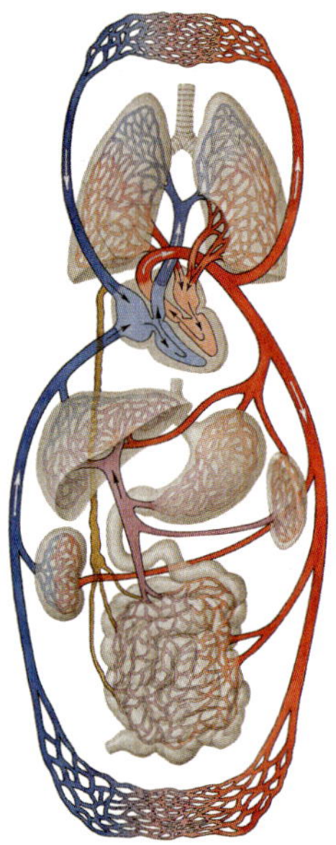

■ sistema venoso ■ sistema arterioso

COME EFFETTUARE L'ATTIVITÀ MOTORIA?

Ora il problema principale consiste nell'individuare il modo in cui affrontare un lavoro sul proprio corpo ottenendo un risultato finale positivo.
Sarebbe molto semplice lasciarsi affascinare da un prodotto che promette di ritornare in forma con un lavoro semplice, oppure prendere una pillola "magica" (purtroppo la pubblicità in questo senso è generosissima!!) che in un attimo risolva il problema senza fare alcuna fatica.
Lavorare su se stessi non è semplice e richiede grande impegno, interesse e partecipazione.

► Le metodiche più corrette affinché lavorare sulla propria persona risulti efficace, sono essenzialmente tre:
- andare in **palestra** ed essere seguiti da personale specializzato;
- farsi seguire a casa propria da un **istruttore personale**;
- servirsi di **ausili** esterni (attrezzi, libri ecc.).

In tutte queste situazioni (le prime due sono sicuramente le più indicate, ma non sempre realizzabili), esiste la possibilità di effettuare un lavoro in base alle proprie potenzialità e agli obiettivi che ci si è posti, in parole semplici, organizzare un lavoro personalizzato.

► Il concetto di **lavoro personalizzato** è essenziale se si desidera evitare di affrontare le seguenti situazioni:
- lasciare la palestra dopo due lezioni;
- spendere grosse cifre senza ottenere nulla;
- perdere l'interesse se l'obiettivo, o gli obiettivi preposti, si dimostrano fuori dalla nostra portata.

I MUSCOLI ADDOMINALI

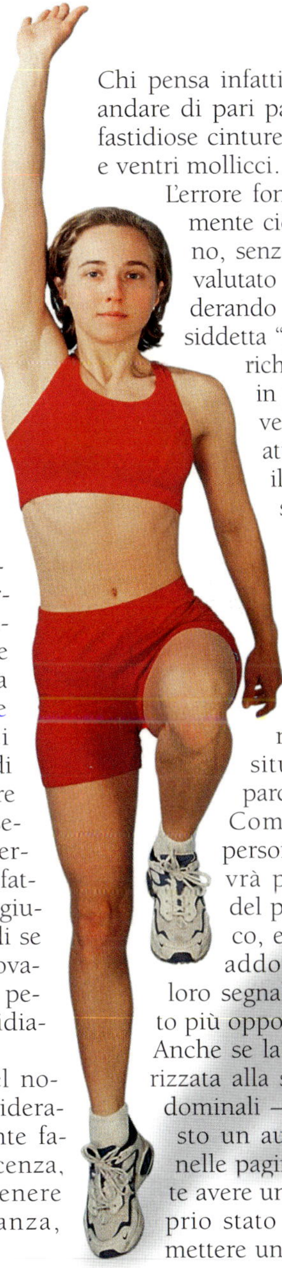

Quando si parla di addominali il primo pensiero va alle immagini patinate dei giornali, in cui prestanti ragazzi e affascinanti fanciulle mostrano ventri piatti – quasi scolpiti e molto attraenti – che simboleggiano (solo apparentemente) l'efficienza fisica e la bellezza estetica. Immagini di corpi che ricordano statue di dei greci, rappresentazioni di donne e uomini irreali.

La gente desidera prepotentemente assomigliare a questi modelli a qualsiasi costo, senza considerare le differenze morfologiche individuali o quello che succede all'interno del proprio organismo. L'importante è ciò che si fa vedere all'esterno, perché questi sono i diktat stabiliti dalla nostra società, se si vuole raggiungere il successo. Il problema si evidenzia quando si capisce che l'obiettivo uscito dalle pagine dei giornali non è raggiungibile, e quindi – per reazione – si decide di non fare assolutamente più niente, con conseguenze facilmente immaginabili, cercando una facile giustificazione nel fatto che ormai l'età non è più quella giusta. Considerare di prendersi cura di se stessi come una prerogativa della giovane età, e in qualsiasi caso come un periodo che esuli dalla propria quotidianità, è sicuramente un errore.

Gli addominali sono una parte del nostro corpo che non possiamo considerare solo in situazioni particolarmente favorevoli della nostra vita (adolescenza, giovinezza), ma che dobbiamo tenere presenti anche durante gravidanza, mezza e terza età.

Chi pensa infatti che la mezza età debba andare di pari passo con stomaci dilatati, fastidiose cinture di grasso lungo i fianchi e ventri mollicci... si sbaglia di grosso!!

L'errore fondamentale è vedere solamente ciò che si presenta all'esterno, senza pensare che il corpo va valutato nella sua globalità, considerando perciò il segnale della cosiddetta "**pancia**" non solo come la richiesta di estenuanti sedute in palestra o fiumi di sudore versato utilizzando qualche attrezzo infernale, ma come il richiamo del corpo a un salvataggio, un intervento, un aiuto per permettergli di ritrovare quel passato benessere ormai dimenticato.

In pratica da che cosa si capisce che è giunto il momento di intervenire veramente, e che la situazione rischia di scapparci di mano?

Come per ogni programma personale che si rispetti si dovrà partire dalla valutazione del proprio stato di forma fisico, e in particolare dei propri addominali, interpretando il loro segnale per stabilire l'intervento più opportuno.

Anche se la nostra attenzione è indirizzata alla struttura dei muscoli addominali – per i quali verrà proposto un autoesame molto specifico nelle pagine seguenti – è importante avere una visione globale del proprio stato di forma fisica per permettere una migliore organizzazione

del lavoro, ma soprattutto per evitare di incorrere in situazioni, che per mancanza di attenzione e di conoscenza, possono poi causare problemi.
Sarà importante perciò valutare:
- il proprio stato di salute generale, magari facendosi fare una visita dal proprio medico di base per ottenere un "quadro" della funzionalità cardiorespiratoria;
- il proprio regime alimentare (per il quale troverete indicazioni e suggerimenti nel capitolo dedicato);
- il proprio livello di forza e di resistenza.
Tutto ciò sembra terribilmente complicato e a prima vista può spaventare perché ha l'aria di essere la preparazione di un programma di lavoro per truppe d'assalto...
Ma, attenzione! In qualche caso lavorare sul proprio corpo può essere veramente un'operazione di alta strategia.

A che punto siamo?

Qui di seguito troverete alcuni suggerimenti per autovalutare il proprio stato di forma.

► Per avere un'idea della **capacità cardiocircolatoria**, trovate un percorso di circa un chilometro, per esempio una passeggiata intorno al vostro quartiere effettuabile in circa 15-20 minuti a passo normale. Prima di partire, misurate la vostra frequenza cardiaca segnandola su un foglietto. Finita la passeggiata ricontrollate la frequenza e fate la stessa cosa dopo un minuto. Se la frequenza cardiaca alla terza rilevazione supera quella della prima a riposo, significa che sarà necessario prestare particolare attenzione al lavoro che sul testo viene definito di **riscaldamento** (vedi pag. 54).
Ripetendo la prova dopo un mese i due valori dovrebbero avvicinarsi.

► Per valutare la **forza delle braccia** effettuate questa prova.
Mettetevi nella posizione della fotografia a fronte (sopra) e scendete piegando le braccia (sotto) fino a che queste siano parallele al pavimento, contate quanti piegamenti riuscite a eseguire in un minuto: se sono meno di 5 e vi sentite tutti doloranti significa che le vostre braccia sono allenate per sollevare al massimo una penna a sfera.

Che tipo sei?

Se si volesse ridurre il tutto alla semplice analisi della zona addominale, si compirebbe sicuramente un errore.
Il nostro corpo non può essere visto come un assemblaggio di pezzi diversi e distinti fra loro sui quali ragionare in maniera settoriale, ma come un tutt'unico che lavora di concerto per far funzionare la struttura umana.
Per capire meglio come agire sul proprio corpo, facciamo un breve excursus sui principali tipi corporei nei quali ognuno di noi può facilmente identificarsi.

► Il **tipo endomorfo**. Caratterizzato da un corpo nel complesso tondeggiante e morbido, con una massa muscolare abba-

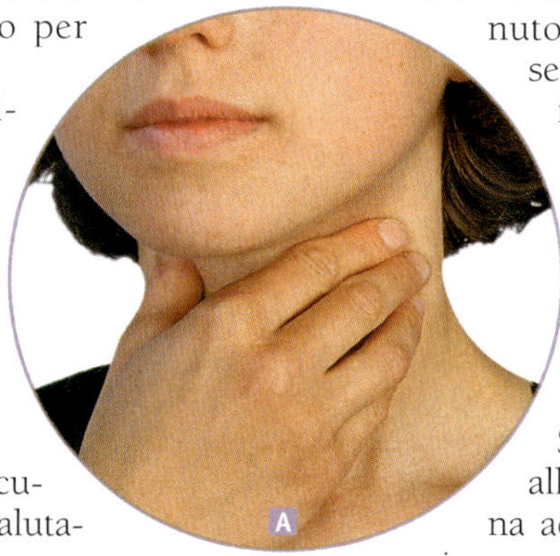

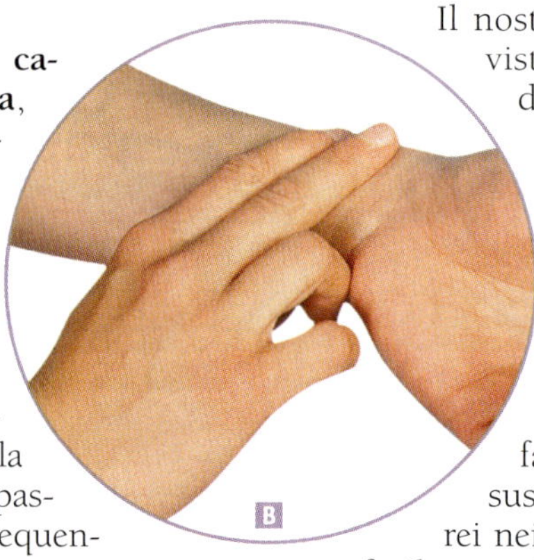

Posate con delicatezza i polpastrelli dell'indice e del medio in due diverse posizioni: A) ai lati della trachea per percepire il battito all'arteria carotide; B) sul polso del braccio opposto sotto la base del pollice per percepire il battito all'arteria radiale.

stanza limitata. Tale soggetto ha ventre e glutei ben ampi e tondeggianti, con spalle alte e un busto sviluppato, tende ad accumulare grasso e presenta ossa più grosse. Le donne con questa morfologia hanno il bacino più largo delle spalle.

Esercizio per valutare la forza delle braccia.

► Il **tipo mesomorfo**. Caratterizzato da una forte massa muscolare, petto, fianchi e spalle larghi, busto ben sviluppato. Vi è la tendenza a essere muscolosi e le spalle si presentano più larghe del bacino.

► Il **tipo ectomorfo**. Caratterizzato da una struttura fragile e delicata con ossa lunghe, collo e arti lunghi e senza una buona massa muscolare, perciò con ventre e glutei piatti. Spalle e bacino presentano la stessa larghezza.

Rispetto a questa classificazione, ognuno cerchi di identificarsi nel proprio tipo di base, in modo da poter stabilire cosa ci si può aspettare da se stessi senza pensare, come abbiamo già ribadito, di poter assomigliare a un attore, a una fantastica atleta o addirittura a una splendida top-model.

Se dopo l'esame avete la sensazione che il vostro corpo vi chieda aiuto, per evitare di dover affrontare problemi seri, indipendentemente dal fatto che riguardino solo la struttura addominale, allora è necessario darsi subito da fare!!
È assolutamente necessario evitare di arrivare a identificarsi con soggetti che, a causa di **profondi squilibri** nella zona di azione dei muscoli addominali, si ritrova-

no in condizioni di disagio sia fisico sia psicologico:
- persona con pancia rilassata e gonfia (**A**);
- persona molto alta con dorso curvo, iperlordosi lombare (**B**);
- persona anziana con poca salute e accompagnata dal bastone di sostegno (**C**).

ESEMPLIFICAZIONE DEI PIÙ DIFFUSI SQUILIBRI MUSCOLARI

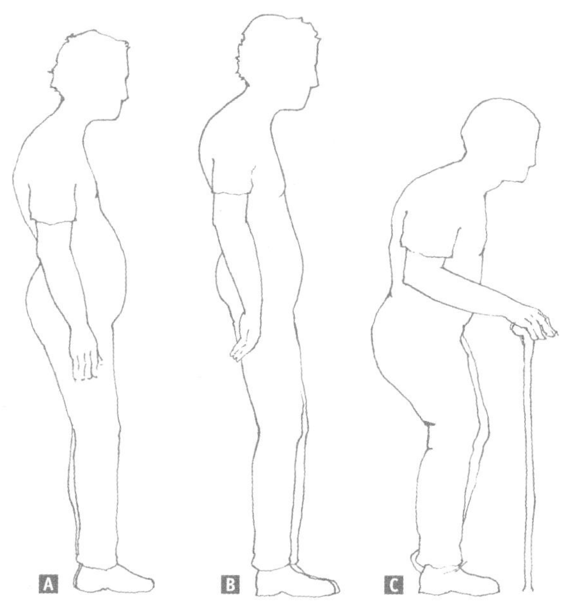

Analizziamo nel dettaglio i diversi punti appena indicati.

▶ **Causa muscolare**. La mancanza di movimento, detta anche **ipocinetismo**, è una situazione tipica della nostra vita quotidiana in cui la macchina, le scale mobili, l'ascensore, prendono il posto del corpo umano e delle sue potenzialità, rendendo tutto l'apparato muscolare, e in particolare la zona addominale, priva di tono e di vitalità.
Tale stato di fatto si può facilmente riscontrare in situazioni quotidiane molto frequenti: la persona costretta a passare gran parte della sua giornata in macchina (il commesso viaggiatore, il camionista) o in una posizione statica (l'impiegata), il bambino che sta parecchie ore davanti alla televisione oppure l'adolescente che smanetta sul computer, per arrivare all'anziano che pensando di non essere più in grado di svolgere un'attività, anche lavorativa, smette di muoversi con conseguenze disastrose sul suo stato di forma.

PERCHÉ SI FORMA LA "PANCIA"?

È opportuno fare chiarezza sulle cause che possono determinare ciò che si definisce comunemente "pancia", in quanto non sempre tale condizione dipende da problemi della struttura addominale, anche se nella maggior parte dei casi questa gioca un ruolo fondamentale.
Le cause possono essere di diversa origine, tra cui:
- muscolare,
- alimentare,
- dipendente dall'età e dal sesso,
- legata a momenti particolari (post-parto, inattività forzata),
- derivante da squilibri muscolari.

▶ **Causa alimentare**. L'alimentazione non equilibrata, i tempi dedicati ai pasti sempre più ridotti e mai rispettati, le difficoltà digestive legate a una situazione di stress emotivo e fisico, rischiano di creare delle situazioni che non incidono sulla struttura addominale in modo diretto, ma che influiscono notevolmente sulla sfera personale e sulla maggiore o minore predisposizione al lavoro fisico.

▶ **L'età e il sesso**. Il rapporto con l'età e il sesso di una persona in alcuni momenti della vita sono all'origine di particolari problemi. Nelle donne, per esempio, la percentuale di grasso più alta rispetto al-

l'uomo, la sua localizzazione in zone specifiche (glutei, addome, fianchi), può generare un senso di pesantezza nella parte centrale del corpo, che trova poi una sua accentuazione durante la menopausa, momento in cui sia la struttura fisica sia quella psicologica sicuramente non favoriscono l'idea di sentirsi in ottima forma.
Per quel che riguarda la terza età, le problematiche fisiologiche, che verranno anche analizzate più avanti, riguardanti la minor elasticità della colonna vertebrale, la diminuzione della capacità respiratoria e non ultimo lo stato emotivo legato a una sensazione di "inutilità" vissuto da molte persone anziane, di certo non favoriscono il mantenimento di un buon livello di esercitazione corporea.

▶ **Momenti particolari**. Il periodo postparto per una donna costituisce una fase di vita estremamente importante ma, nello stesso tempo, anche molto problematica, soprattutto per il recupero funzionale che essa comporta.
Tale periodo presuppone un ripristino delle condizioni ottimali, principalmente relative alla muscolatura addominale che, dopo aver dimostrato di quanta elasticità sia capace, deve ritornare in tempi brevi a una buona funzionalità.
Anche l'inattività forzata, per cause diverse quali incidenti o altre patologie, influisce sullo stato generale, e non ultimo sulla struttura della muscolatura addominale.

▶ **Squilibrio muscolare**. Si può infine notare che uno squilibrio, per esempio fra muscolatura anteriore e posteriore troppo tonificata, porta a favorire l'insorgenza di situazioni predisponenti la cosiddetta "pancia". Tale condizione può verificarsi anche in ambito sportivo dove atleti che, pur mostrando un'apparente forma fisica, presentano una muscolatura delle cosce e della zona posteriore del busto troppo potente e si ritrovano quindi in una condizione di squilibrio che con il tempo potrà dar origine a problemi.

ADDOMINALI: A COSA SERVONO E COME FUNZIONANO

Quando si pensa agli addominali la mente corre al semplicistico concetto di "pancia", ma questi muscoli vanno invece visti in un'ottica di equilibrio generale dell'organismo inteso nella sua globalità.
Gli addominali lavorano per il contenimento e la protezione degli organi interni, creando infatti, insieme alla struttura pelvica (bacino), una situazione di difesa molto importante ed efficace.
La funzione di contenimento emerge in casi particolari come la gravidanza, situazione in cui viene evidenziato anche il livello di elasticità di tale struttura muscolare.
Gli addominali lavorano per la conservazione dell'equilibrio del corpo in condizioni sia statiche che dinamiche, offrendo il loro apporto in vista del mantenimento di una corretta postura in sinergia con altri gruppi muscolari.
La funzione fondamentale degli addominali è quella di sostenere l'atteggiamento del corpo durante i movimenti; rappresentando il punto di unione tra il bacino e il tronco, essi assicurano l'efficacia dei movimenti degli arti inferiori e, fissando la gabbia toracica con il bacino, offrono un solido appoggio per il movimento degli arti superiori.
Mentre lavorano si oppongono ai muscoli dorsali, salvaguardando così la stabilità del tronco durante tutti i movimenti. Risultano pertanto essenziali nella prevenzione della lombalgia, quel fastidioso mal di schiena che colpisce numerose persone e che può creare anche situazioni temporaneamente o permanentemente invalidanti.

ADDOMINALI E COLONNA VERTEBRALE

Per curare la stabilità e quindi la postura della colonna vertebrale è importante dare alcune indicazioni sul rapporto esistente fra le due strutture.
La colonna vertebrale svolge delle funzioni importantissime: oltre a sorreggere il tronco, protegge da colpi e da ferite il midollo spinale contenuto nel suo interno. È formata dall'unione di trentatré o trentaquattro ossa brevi chiamate **vertebre** e disposte una sopra l'altra in senso verticale. Le vertebre sono separate fra loro da dischi intervertebrali e tenute insieme da legamenti che rivestono tutta la colonna.
In rapporto alla zona che occupano e alla loro funzione le vertebre vengono così suddivise: cervicali, dorsali, lombari, sacrali e coccigee.
Vista frontalmente la colonna è rettilinea, ma in sezione presenta delle curve particolari intimamente collegate fra loro e aventi struttura mobile (tratto cervicale e lombare) e struttura semirigida o rigida (dorsali, sacrali e coccigee).

► Vedremo più avanti come alcuni muscoli addominali abbiano anche inserzione sul tratto lombare della colonna vertebrale (trasverso, piccolo obliquo, ileopsoas e quadrato dei lombi) per cui giocano un ruolo prioritario nella statica e nella dinamica del bacino insieme con alcuni muscoli rachidei e degli arti inferiori.

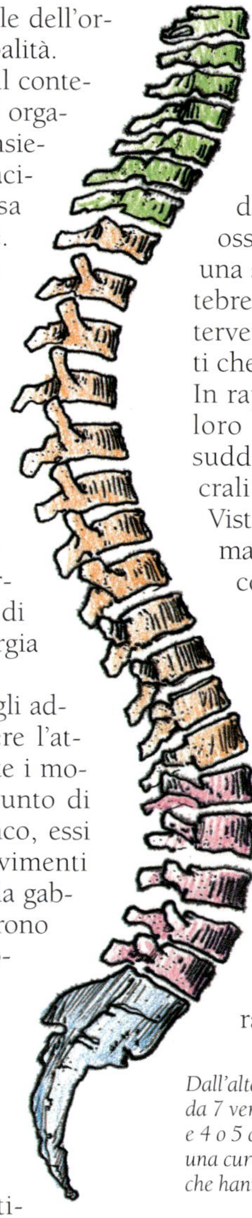

Dall'alto verso il basso, la colonna vertebrale è formata da 7 vertebre cervicali, 12 dorsali, 5 lombari, 5 sacrali e 4 o 5 coccigee. La colonna presenta una curva cervicale, una curva dorsale (cifosi) e una curva lombare (lordosi) che hanno caratteristiche diverse di mobilità.

A fronte: nel disegno A vediamo la corretta posizione della colonna vertebrale nella statica del corpo umano. Nel disegno B vediamo una posizione non corretta (astenica) che tende ad accentuare le curve cervicale, dorsale e lombare.

Nella **posizione astenica** (atteggiamento facilmente riscontrabile in molte persone la cui postura risulta rilassata) il rilasciamento accentua le curve rachidee (**B**): iperlordosi lombare, aumento della cifosi dorsale e della lordosi cervicale. Il bacino ruota in antiversione, situazione che viene aggravata dal lavoro dell'ileo-psoas tendente ad accentuare tale posizione. Nella donna in stato di gravidanza avanzata si può notare un atteggiamento simile che provoca non pochi problemi alla statica del bacino e della colonna vertebrale.
Il ruolo più importante nella correzione dell'iperlordosi lombare è giocato dai retti addominali. Infatti è sufficiente contrarre i glutei e i retti addominali per ottenere un raddrizzamento della lordosi lombare. Quindi si può affermare che i muscoli addominali entrano in azione nel raddrizzamento cosciente della lordosi lombare e conseguentemente nel corretto posizionamento della colonna vertebrale (**A**).

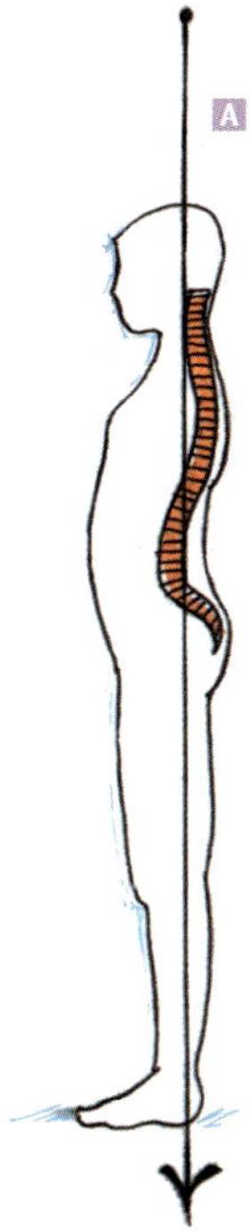

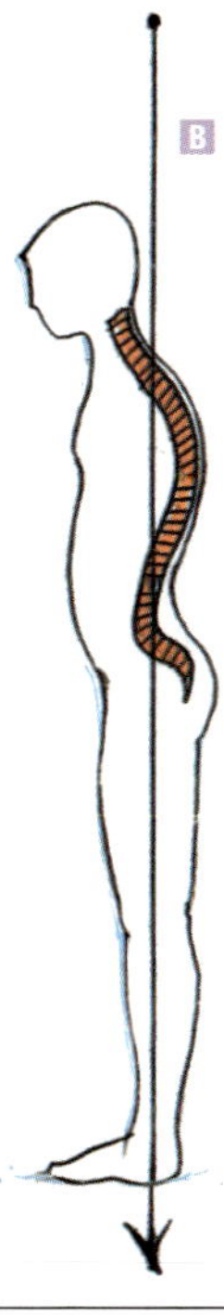

Come lavora un muscolo

Abbiamo già visto l'importanza strutturale della muscolatura addominale e quali sono le problematiche che intervengono se questa non viene sollecitata al movimento; ora è importante definire come lavora un muscolo per fissarne meglio il tipo di azione durante l'esecuzione degli esercizi.
Più della metà del corpo umano è costituita dalle masse muscolari, che ne definiscono la struttura e la forma. Per **sistema muscolare** si intende l'insieme degli organi attivi nel movimento: i muscoli hanno infatti la capacità di trasformare l'energia chimica in attivo ed efficace lavoro meccanico.

► Il corpo umano è composto da circa **455 muscoli** che hanno strutture e funzioni diverse in relazione al loro tipo (muscoli striati, bianchi, volontari, involontari ecc.). Il muscolo è formato dall'insieme di fasci di fibre muscolari di forma allungata che si inseriscono sulle ossa tramite i tendini, organi che creano un punto di appoggio per la struttura contrattile muscolare la quale, contraendosi e rilassandosi, dà origine al movimento che coinvolge non solo il muscolo attore, ma tutto l'organismo dell'individuo.

► I muscoli evidenziano peculiarità riguardanti il **volume** (ipertrofia), e in tal caso si assisterà a un incremento della forza, con un aumento della propria sezione trasversa. Ogni volta che il cervello invia un impulso nervoso, una parte delle fibre si contrae variando sia la forma sia la lunghezza e determinando il movimento attraverso la struttura dei tendini. Quando l'ordine è stato eseguito le fibre tornano alla lunghezza iniziale. È importante ricordare che più si utilizza un muscolo più la quantità di fibre in gioco sarà alta, perciò continuando a esercitarsi le fibre aumentano di spessore e conseguentemente il muscolo si sviluppa incrementando il proprio volume e rafforzandosi.

È altrettanto importante non mantenere contratti i muscoli fra un'esecuzione e l'altra per evitare situazioni di irridigimento muscolare che con il tempo rischiano di diventare non solo antiestetiche ma anche non funzionali.
Per ottenere buoni risultati sarà necessario lavorare contro resistenza, cioè impegnare il muscolo con **carichi di lavoro** sempre maggiori. Si evidenziano poi altre due modificazioni sui muscoli in movimento, rapportabili all'aumento dei capillari, con conseguenti migliori condizioni di lavoro (eliminazione dei prodotti di scarto e miglior rifornimento di ossigeno) e biochimiche (migliore utilizzazione delle fonti energetiche all'interno del muscolo).

Fonti energetiche per il lavoro muscolare

Per poter effettuare il proprio lavoro il muscolo ha bisogno dell'energia – misurabile in calorie – che gli viene fornita con l'alimentazione.
Le sostanze che forniscono energia si classificano in: **zuccheri** e **grassi**, le più importanti; le **proteine** poi, che hanno soprattutto lo scopo di ricostruire le cellule distrutte, possono fornire energia solo in assenza delle prime due. Il muscolo consuma gli zuccheri (più precisamente i carboidrati), che vengono immediatamente trasformati in energia, e i grassi con un processo più lungo.

► Le vere riserve di energia sono costituite dai grassi che, accumulandosi, vanno a formare il tessuto adiposo, causa di tanti problemi dal punto di vista estetico e funzionale, ma che il lavoro muscolare riesce a eliminare in tempi abbastanza lunghi.
Il lavoro muscolare produce anche sostanze di scarto (acido lattico) che accumulandosi causano sensazione di fatica e anche calore (per combattere il freddo in inverno ci si sfrega le mani congelate). L'energia necessaria per mantenere la vita (il cosiddetto metabolismo basale) è mediamente di 1500 calorie al giorno, che si consumano sia esercitando una qualsiasi attività, sia in una situazione di completa stasi, semplicemente per il fatto di adempiere alle funzioni vitali dell'organismo (la digestione, il mantenimento della temperatura corporea, la respirazione, le contrazioni cardiache).

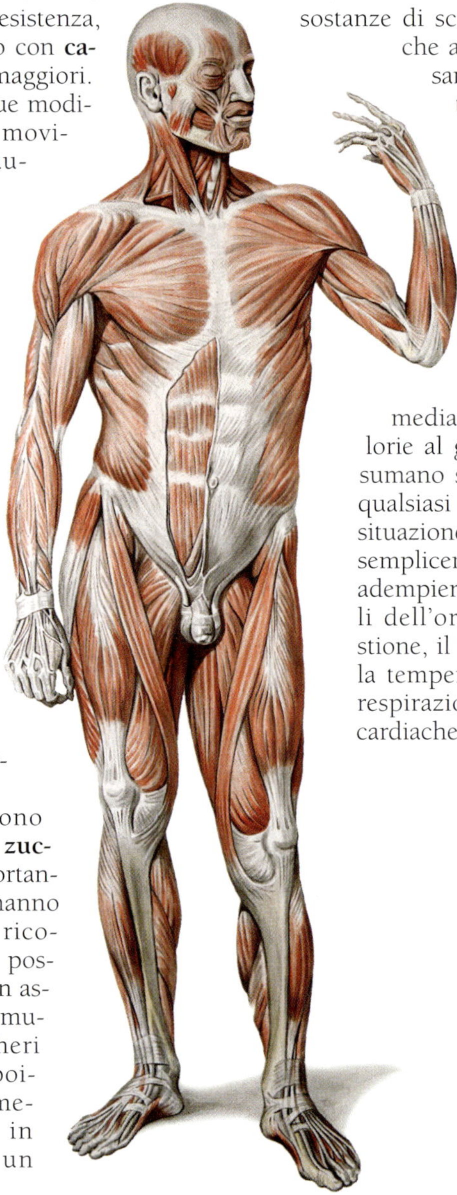

Circa la metà del corpo è costituita da masse muscolari che ne determinano la struttura e la forma. In questo disegno si individuano i principali muscoli del corpo umano.

IL SOVRACCARICO

Il mitico Milone di Crotone sollevava un vitellino dal giorno in cui l'animale veniva al mondo. Ogni giorno il vitello cresceva e di conseguenza l'uomo si rafforzava costantemente diventando ancor più possente, fin quando il vitello si trasformava in bue ed egli riusciva sempre nella sua quotidiana impresa. Non allarmatevi! Nessuno vi chiederà mai di effettuare sforzi di questo tipo, ma il principio del sovraccarico trova in tale leggenda una valida spiegazione e una indicazione operativa.
Il sovraccarico rappresenta la base del programma di lavoro che affronterete e l'ingrediente principale dell'allenamento, in quanto si fonda sulla legge fisiologica dell'adattamento. Il muscolo, come l'osso della struttura scheletrica, segue il principio secondo cui il bisogno aguzza l'ingegno, per cui più la struttura viene sollecitata più essa si organizza per resistere e adattarsi alla nuova situazione. Se le ossa, per esempio, non vengono usate si demineralizzano, diventano più leggere e porose e di conseguenza più fragili (condizione molto pericolosa definita *osteoporosi*). In caso contrario si ha un effetto allenante.
Non si può parlare di programma di allenamento se ci si limita a eseguire sempre lo stesso numero di esercizi per l'identico numero di volte, ma si è in presenza di un "programma" solamente quando si applica il principio del sovraccarico graduale. Ci sono molti modi di inserire il sovraccarico.

- Il sistema più rischioso è quello di **accentuare l'intensità** dello sforzo, cioè muoversi più in fretta o sollevare un carico più pesante.

- Un metodo sicuro è quello di **aumentare la durata** dello sforzo, resistere un po' di più o portare il peso un po' più lontano.

- Il metodo più garantito è quello di **aumentare la frequenza** dello sforzo: farlo una volta in più nell'arco della settimana.

Quest'ultimo sarà il metodo applicato nel nostro programma di lavoro e che ognuno di voi gestirà in base a quanto sarà riuscito a fare nella seduta precedente.

CALORIE E DISPENDIO ENERGETICO

Quante calorie si possono consumare con l'esercizio fisico? Stirare, lavare i piatti e sbrigare le faccende di casa in un'ora significa per esempio consumare 150 calorie (una casalinga percorre 4-6 km al giorno rimanendo in casa!); eseguire una leggera ginnastica mattutina fa impiegare quasi 200 calorie all'ora; per salire le scale servono oltre 250 calorie in un'ora, mentre nuotare o giocare a tennis comporta un dispendio superiore a 400 calorie orarie. Considerando che un grammo di grasso è pari a 9 calorie, si può calcolare che in un mese di attività mattutina costante si perdono circa 400 grammi di adipe: a prima vista non sono moltissimi ma se vanno a sommarsi alle altre attività quotidiane (salire le scale, camminare, muoversi ecc.) e a un po' di sana revisione delle proprie abitudini alimentari, si può arrivare a sperare in buoni risultati sia dal punto di vista fisico sia psicologico. Naturalmente esiste anche la possibilità di bruciare 300 calorie in un'ora giocando a tennis, spaccando legna, effettuando sedute intensive di lavoro fisico. È ovvio però che bruciare di primo acchito una quantità così elevata di calorie rappresenta un'impresa titanica per chi si avvicina per la prima volta all'attività fisica, se si tiene conto della probabile mancanza di pazienza e dell'assenza totale di allenamento. L'alternativa è perciò quella di programmare il consumo di queste calorie nel corso della giornata, effettuando i movimenti specifici che riguarderanno gli addominali e facendo sì che il corpo venga sollecitato a muoversi e a lavorare di più.

Addominali e movimento

Breve profilo

Come la maggior parte dei muscoli del nostro corpo, i muscoli addominali sono simmetrici, cioè hanno la stessa struttura e forma a destra e a sinistra.

Nel loro punto di unione danno origine a un setto fibroso longitudinale (linea alba), alla metà del quale si trova l'anello ombelicale.

I muscoli addominali si distinguono in **retti**, **trasversi**, **piccolo obliquo**, **grande obliquo** (situati nella parte anteriore del tronco), **quadrato dei lombi**, **psoas-iliaco** (situati nella parte posteriore del tronco).

Come le spiegazioni sulla funzione muscolare hanno ben evidenziato, appena si definisce un movimento che può rientrare nella più semplice quotidianità – alzarsi dal letto al mattino, muoversi stando seduti sulla sedia dell'ufficio, camminare per fare la spesa, correre per prendere l'autobus – oppure, con maggiore sforzo, sollevare un vaso da terra, o compiere un gesto sportivo ben più specializzato – lanciare un giavellotto, fare un salto in lungo, schiacciare nella pallavolo – i muscoli addominali entrano in gioco prepotentemente in sinergia con gli altri muscoli permettendoci così di effettuare i più svariati movimenti.

La conoscenza della muscolatura addominale sia dal punto di vista anatomico che funzionale, vi permetterà di affrontare gli esercizi sapendo in quale zona state agendo, ma soprattutto cercando di ottenere il massimo risultato dall'esecuzione del movimento che dovete affrontare.

MUSCOLI RETTI

Formano due bande muscolari distese lungo la faccia anteriore dell'addome, da una parte e dall'altra della linea mediana. Si inseriscono a livello superiore sulla quinta, sesta, settima costola, sulle cartilagini costali e sull'apofisi xifoidea (sulla punta inferiore dello sterno), e a livello inferiore con un robusto tendine che si fissa sul margine superiore del pube.
La contrazione concomitante dei due retti provoca una flessione del busto con contemporaneo abbassamento della gabbia toracica.

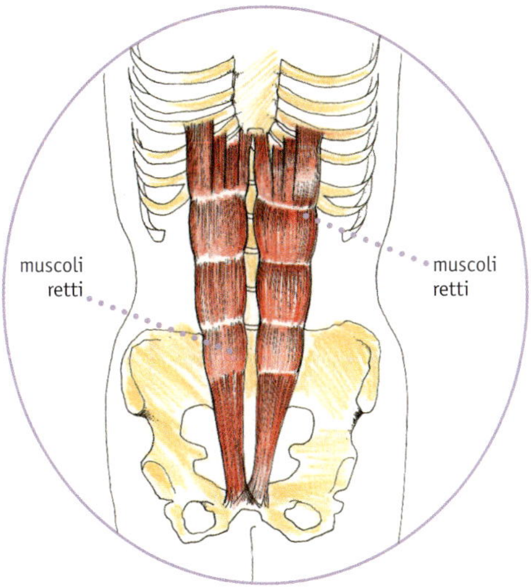

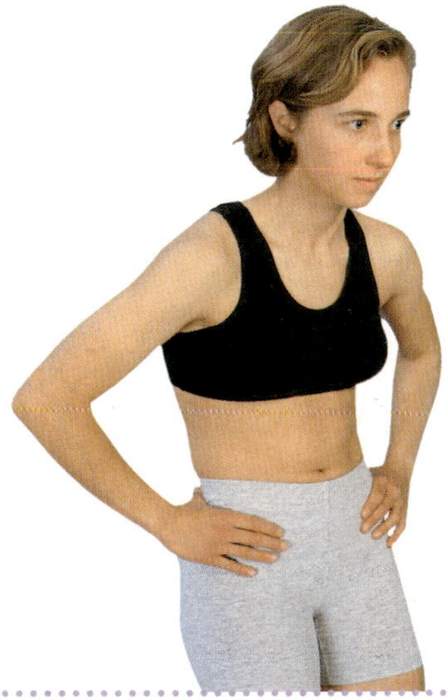

MUSCOLI TRASVERSI

I muscoli trasversi formano il piano più profondo dei muscoli larghi della parete addominale. Si inseriscono dietro all'apice delle apofisi trasverse delle vertebre lombari, nella parte centrale, passando dietro i retti, al muscolo del lato opposto, in alto sulla faccia interna delle ultime costole e in basso sul bordo superiore della sinfisi pubica e del pube. La contrazione simultanea dà origine al restringimento della cavità addominale, cioè fa rientrare la pancia. Gioca un ruolo fondamentale per impedire la ptosi (discesa verso il basso) dei visceri addominali.

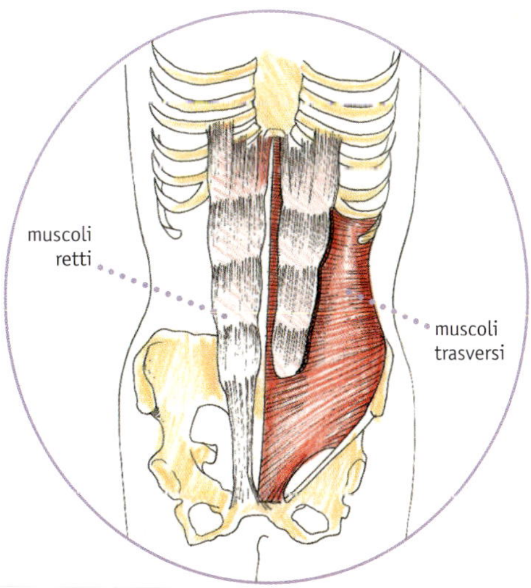

PICCOLO OBLIQUO

Si inserisce in alto sulle ultime quattro cartilagini costali e sul processo xifoideo (punta inferiore dello sterno), in basso sulla cresta iliaca, al centro si unisce al muscolo controlaterale.

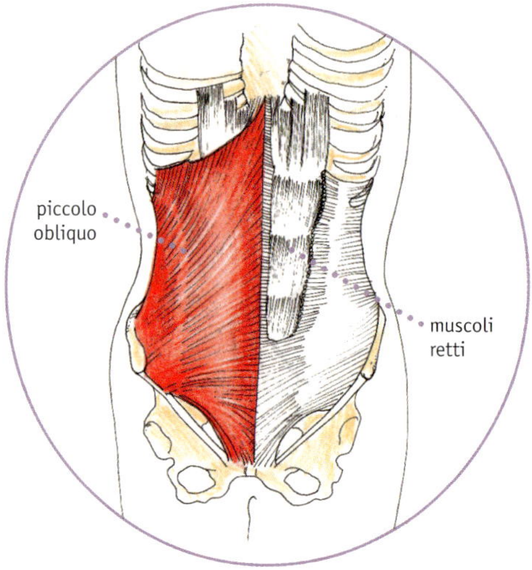

Quando si contraggono contemporaneamente i due muscoli si assiste a un'azione di flessione del busto in avanti; se invece l'azione è unilaterale, il tronco ruota dal proprio lato.

GRANDE OBLIQUO

Si inserisce sulle ultime sette costole, sul bordo anteriore delle creste iliache, sull'osso pubico e sull'altro muscolo controlaterale. Quando la contrazione è simultanea si verifica un'azione di flessione del busto in avanti (aiutando così il movimento dei retti addominali); quando l'azione è unilaterale si determina una flessione dallo stesso lato e contemporaneamente una rotazione dalla parte opposta.

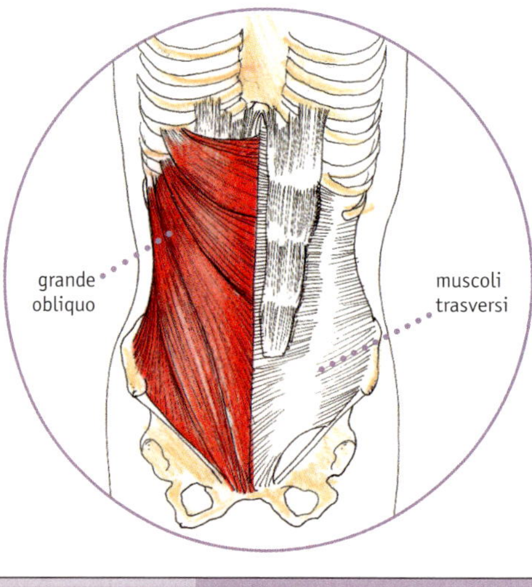

QUADRATO DEI LOMBI

Il quadrato dei lombi fa parte della muscolatura addominale posteriore. Questo muscolo di forma appiattita e quadrangolare si inserisce sulle apofisi trasverse delle vertebre lombari, sulla dodicesima costola e sul margine inferiore della cresta iliaca.
Attraverso una contrazione bilaterale mantiene la lordosi lombare in condizioni di equilibrio.

Con una contrazione unilaterale del muscolo si determina un'inclinazione laterale.

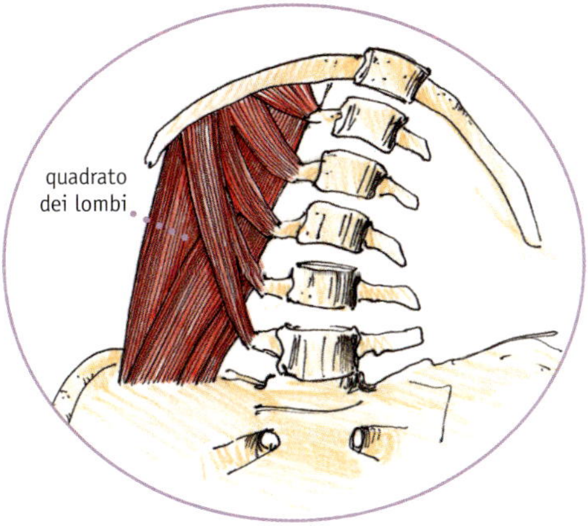

PSOAS-ILIACO

È formato da due muscoli. Lo psoas si inserisce sulla dodicesima costola e su tutte le vertebre lombari, l'iliaco sull'osso del bacino, entrambi poi si uniscono inserendosi con un unico tendine all'inizio del femore. Quando si contrae risulta essere il più potente flessore della coscia, ma flette anche la colonna lombare e il bacino in avanti e in basso. Tutto questo deve essere tenuto presente in quanto può rappresentare la causa di problemi durante un'esecuzione non corretta degli esercizi.

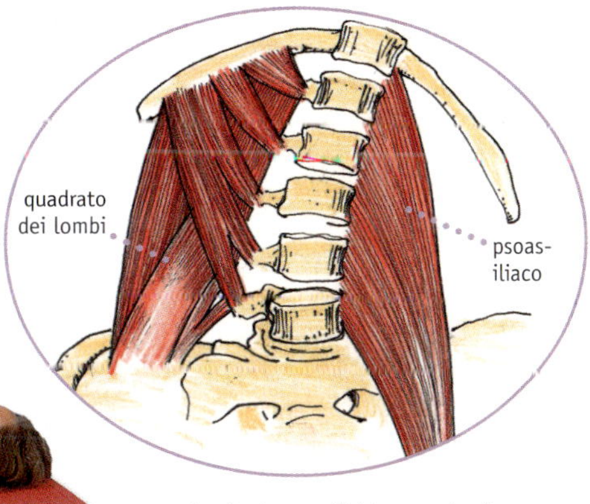

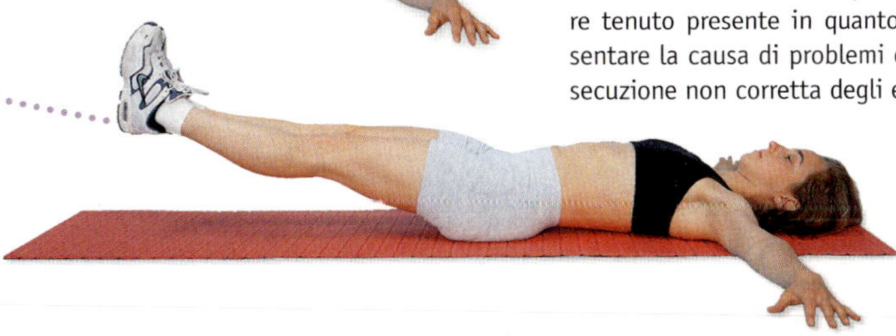

Questo movimento serve solo per evidenziare l'azione muscolare ma non deve essere eseguito, in quanto tende a far inarcare la zona lombare.

LA RESPIRAZIONE

Un aspetto fondamentale del lavoro inteso a migliorare la capacità dei muscoli addominali è quello della respirazione. La respirazione gioca un ruolo molto importante, soprattutto perché può prevenire delle problematiche piuttosto complesse che possono presentarsi durante un'esecuzione non corretta degli esercizi, come vedremo nei paragrafi successivi.

L'obiettivo della respirazione è scambiare i gas tra organismo e ambiente. Il compito dell'apparato respiratorio è immettere nell'organismo ossigeno e disperdere anidride carbonica: quanto meglio funziona tale apparato, tanto migliore sarà l'effetto su tutto l'organismo.

I muscoli principali coinvolti nella respirazione, cioè quelli che con la loro contrazione permettono di espirare e di inspirare, sono il diaframma e i muscoli intercostali, mentre i muscoli ausiliari, cioè quelli interessati solo in caso necessiti una respirazione più ampia del normale – soprattutto nella fase espiratoria – sono i retti addominali, il piccolo e grande obliquo e il quadrato dei lombi (vedi pagg. 20-23).

Ognuno di voi avrà sicuramente provato la sensazione di aver bisogno di una maggiore quantità di ossigeno dopo uno sforzo fisico prolungato (una corsa per prendere l'autobus, per i meno allenati, oppure dopo un lungo allenamento per i più atletici) e di avere il "fiatone", con la pancia che si muove velocemente in dentro e in fuori fino al ritorno a una situazione di normalità.

La muscolatura addominale perciò è coinvolta nella meccanica respiratoria forzata e nel ripristino della stessa alle condizioni di normalità.

La meccanica ventilatoria varia in modo abbastanza evidente secondo l'età e il sesso.

- Nella **donna** la respirazione è di tipo costale superiore, cioè viene usata la parte superiore della struttura respiratoria. Questa peculiarità si rende indispensabile durante la gravidanza, momento in cui non c'è la possibilità di far lavorare in modo valido il diaframma per la presenza del feto.

- Nel **bambino** la respirazione è di tipo addominale.

- Nell'**uomo** è di tipo misto e cioè costale superiore e inferiore.

- Nelle **persone anziane** le condizioni respiratorie variano rispetto a quando detto precedentemente, a causa dell'aumento della curvatura del rachide dorsale (cifosi dorsale) e dell'ipotonia muscolare (i muscoli perdono il loro tono muscolare originario). Di conseguenza le costole superiori riducono una parte della loro mobilità, per cui il lobo superiore del polmone non è più ventilato, e la respirazione diventa di tipo costale inferiore oppure addirittura addominale.

Respirazione ed esercizi respiratori

Uno degli errori più grossolani nell'esecuzione degli esercizi per gli addominali è sempre stato quello di fare lo sforzo più ampio nel modo più intenso possibile, magari su suggerimento di aitanti e muscolosi istruttori. A questa richiesta si rispondeva cercando di mettere più forza possibile, trattenendo contemporaneamente l'aria e avendo così la sensazione di sopportare meglio lo sforzo.

► Effettuare un qualsiasi esercizio in **apnea**, cioè senza respirare, può creare una situazione di eccessiva pressione toracica che influisce negativamente sulla circolazione coronarica con la conseguenza di impedire una corretta funzionalità del cuore, tanto più pericolosa quanto più il soggetto non è allenato, oppure avanti con l'età o, caso limite, presentasse delle patologie cardiache.
Tale situazione può causare svenimenti con aumenti incontrollati della pressione arteriosa. L'esecuzione degli esercizi con l'applicazione delle corrette tecniche respiratorie che affronteremo di seguito vi permetterà quindi di trovare il corretto ritmo esecutivo, acquisendo la sensazione più precisa possibile del vostro sforzo fisico e, non ultimo, quel senso di benessere che non solo si è dimenticato, perché non più collegato all'esercizio fisico, ma che a causa dei nostri ritmi così concitati e stressanti, purtroppo non riusciamo più a scoprire nella vita di tutti i giorni.
Per correttezza informativa dobbiamo dire che atleti di alto livello impegnati in attività di grande sforzo muscolare (i sollevatori di pesi) tendono a trattenere il respiro durante l'esecuzione dei loro esercizi al fine di proteggere la colonna vertebrale. Questo programma non ha la pretesa di arrivare a tale livello di specializzazione: sarà perciò necessario controllare la propria respirazione in base alle indicazioni che verranno date in seguito.

La motivazione

Questo aspetto riveste un'importanza basilare in qualsiasi tipo di lavoro sul corpo. La motivazione, infatti, permette di partecipare in modo attivo sia sul lavoro inteso come meccanica del movimento, sia sul movimento come componente mentale e psicologica dello stesso.
Nell'ambito dei programmi di allenamento la motivazione deve rappresentare il motore indispensabile per il raggiungimento dei risultati prefissati, e tanto più diviene necessaria se il programma non è legato a un progetto di tipo sportivo, ma più semplicemente – e non meno significativamente – impostato sul proprio corpo e sulle sue esigenze di vita quotidiana.
La motivazione permette a persone che hanno limitazioni funzionali anche gravi, di superare tali condizioni sfavorevoli, sempre nel limite del possibile, per poter tornare alla normalità. Tale considerazione assume anche maggior valore nel caso di persone che, pur non trovandosi in condizioni estremamente gravi, si aspettano di ritornare in una situazione di stabilità. La nostra quotidianità ci obbliga a mantenere a livelli molto bassi l'aspetto motivazionale legato al movimento: la ricerca di stimoli che ci spingano a muoverci risulta sempre inferiore e limitata (uso eccessivo dell'automobile, dell'ascensore ecc.) anche a causa di un'evidente implementazione tecnologica.

► La definizione di **obiettivi** a breve, a medio e a lungo termine è la molla che ci permette di stendere un qualsiasi progetto, che può andare dal più semplice (a breve termine: effettuare in una settimana un numero minimo di sedute di lavoro sul corpo) al più complesso (a medio termine: riuscire a cambiare il livello degli esercizi entro un mese; a lungo termine: perdere addirittura – con l'aiuto di una dieta bilanciata – qualche chilo nel corso di sei mesi).

Impariamo a respirare

Tale suggerimento può sembrare abbastanza strano, in quanto ognuno di noi ritiene l'atto di respirare un gesto assolutamente naturale tanto da non doverlo reimparare. Lo si esegue infatti spontaneamente fin dalla nascita e nella vita lo si compie un numero enorme di volte: nel neonato 60-70 atti respiratori al minuto che scendono a 26 verso i cinque anni, per arrivare a 20 dai dieci ai vent'anni e stabilizzarsi intorno ai 15-18 atti al minuto negli adulti.

Nel paragrafo relativo alla respirazione abbiamo visto che, in base al sesso e all'età, essa subisce delle variazioni che influiscono sulla sua positiva funzionalità (la capacità vitale di un individuo adulto è di circa 4 litri d'aria). Riscoprire, più che imparare, il corretto modo di respirare servirà non solo per gli esercizi addominali, ma anche per il ripristino delle condizioni ottimali della propria forma.

1 Sdraiatevi sul pavimento con un cuscino sotto la testa e le gambe piegate.

2 Appoggiate una mano sul torace e una sull'addome e, attraverso l'uso della sensibilità delle mani, effettuando alcune semplici respirazioni, percepite come si muovono le due parti.

3 Mantenendo la stessa posizione, eseguite alcune respirazioni facendo in modo che solo la mano che si trova sul torace percepisca il movimento.

4 Mantenendo la stessa posizione, eseguite alcune respirazioni facendo in modo che solo la mano posizionata sull'addome percepisca il movimento.

5 Nella stessa posizione alternate gli esercizi 3 e 4 mantenendo le mani sempre in posizione.

6 Sempre mantenendo la stessa posizione, provate ora a effettuare una espirazione forzata (buttate fuori l'aria dalla bocca) e una inspirazione forzata, entrambe a bocca aperta, spingendo la pancia in fuori e facendola rientrare: vi accorgerete che la muscolatura addominale partecipa a questo esercizio ricevendo già una stimolazione a lavorare.

Dopo aver ripreso i contatti con la propria respirazione, cerchiamo di applicarla correttamente durante l'esecuzione degli esercizi.
Come si è precedentemente spiegato, l'esecuzione non può avvenire in condizioni di apnea, per cui, durante lo svolgimento degli esercizi, nella fase di sforzo – momento che verrà sempre indicato prima dell'esecuzione di qualsiasi esercizio – sarà necessario effettuare una espirazione, indifferentemente con il naso o con la bocca.
Si dovrà invece mantenere una respirazione normale durante gli esercizi in cui si richiede il mantenimento statico di una posizione, per poter armonizzare l'esecuzione del lavoro con le esigenze del proprio corpo.

Esercizi di respirazione

Da un punto di vista meccanico, esistono due tipi di respirazione: la respirazione addominale e la respirazione toracica. Ovviamente in entrambi i casi sono sempre i polmoni al centro della respirazione, ma è il movimento del diaframma che cambia. Mentre nella respirazione addominale il diaframma si abbassa verso i visceri, nella respirazione toracica è lo stesso diaframma che alza le coste. Gli esercizi di respirazione hanno lo scopo di farci sfruttare al massimo le nostre capacità inspiratorie ed espiratorie, facendoci prendere coscienza dei due possibili tipi di respirazione (addominale e toracica) e dandoci la possibilità di scegliere noi stessi quale tipo di respirazione praticare.

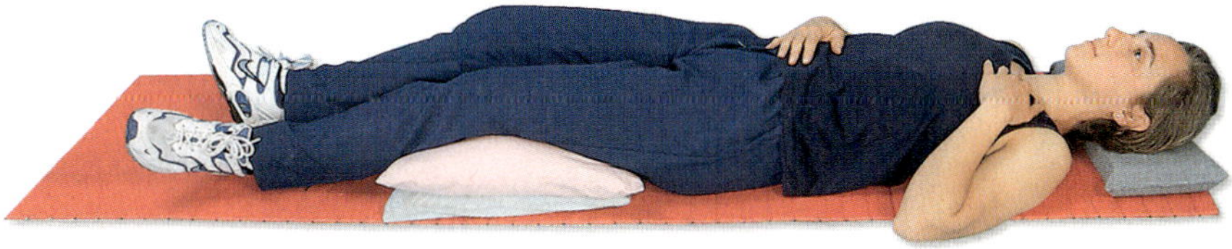

1 Sdraiatevi sul pavimento con un cuscino sotto la testa e uno sotto le ginocchia tenendo una mano sul torace e una sull'addome.

2 Inspirate dal naso sollevando il torace e cercando di percepire il movimento con le dita: espirando tornate nella posizione di partenza. Ripetete l'esercizio 5 volte.

3 Inspirando con la bocca "gonfiate" l'addome e nella fase di espirazione ritornate alla posizione iniziale. Ripetete 5 volte.

4 Inspirate con il naso gonfiando prima l'addome e poi continuando l'inspirazione fino a sentire l'aria che entra nel torace. A questo punto trattenete il respiro e infine espirate. In questo esercizio aumentate i tempi della respirazione partendo da 5 secondi per l'inspirazione, trattenendo per 3 secondi ed espirando per 5 secondi. Ripetete 5 volte.

5 Ora mettete le mani dietro la nuca. Inspirate cercando di aprire il più possibile i gomiti ed espandete il torace e l'addome. Espirando ritornate nella posizione di partenza. Ripetete 5 volte.

INSPIRAZIONE

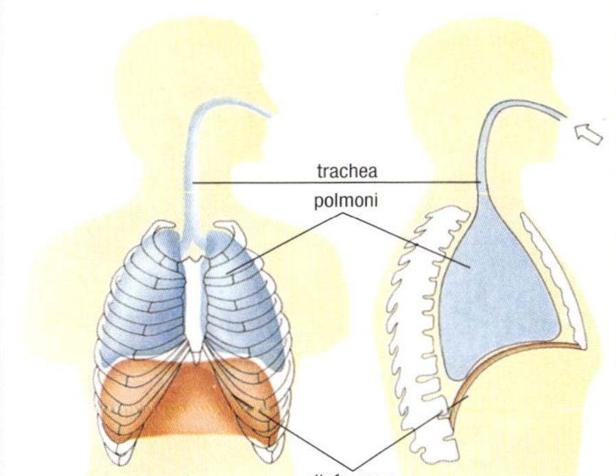

ESPIRAZIONE

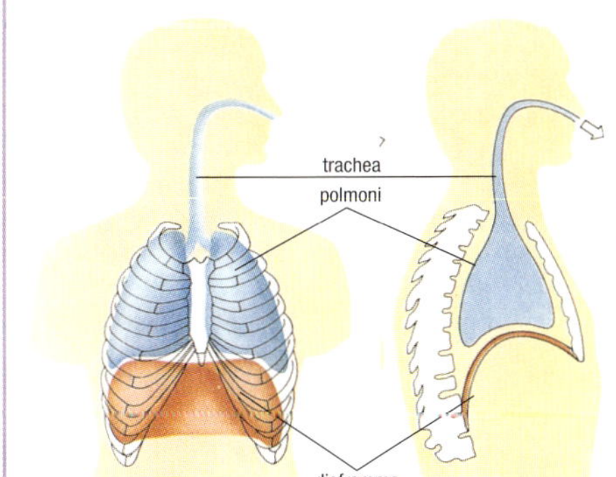

ADDOMINALI E ALIMENTAZIONE

Come più volte sottolineato, pensare che un unico intervento possa risolvere i problemi legati al proprio corpo non solo è assurdo ma anche irrealizzabile. Infatti affrontare un programma di intervento senza tener conto dell'aspetto alimentare, oppure effettuare esattamente il contrario (quante volte si collega lo stato di forma al peso: «Sono fuori forma... devo perdere un paio di chili!») mette in evidenza la mancanza di volontà nell'intervenire risolutamente per porre uno stop alla situazione.

Molte delle indicazioni riguardanti tale argomento sono già state trattate al paragrafo "Fonti energetiche per il lavoro muscolare" (vedi pag. 18) cui si rimanda per un approfondimento.

Qui non parleremo di alimenti magici che appena ingeriti risolvono tutti i problemi (purtroppo sempre più pubblicizzati!!), ma daremo una serie di indicazioni volte a realizzare una **dieta equilibrata** che potrà entrare nelle sane abitudini della nostra vita quotidiana.

Vi verrà proposto un modo di alimentarvi razionale, salutare e di facile orchestrazione, senza dover necessariamente affrontare sacrifici e stati di malessere tipici delle diete spesso pubblicate sui giornali o suggerite dal vicino di casa (dieta yo-yo, dieta punti, dieta del minestrone ecc.).

ALIMENTAZIONE EQUILIBRATA

Una dieta equilibrata comprende un'ampia varietà di alimenti che permettono all'organismo di crescere e restare in buona salute fornendogli energia. Per sopravvivere un individuo necessita di proteine, grassi, carboidrati, vitamine, minerali, fibre e acqua. Vediamo di analizzare tali elementi.

PROTEINE

In quantità moderate le proteine sono essenziali, poiché vengono utilizzate nella costruzione delle cellule dei tessuti. Le proteine formano inoltre gli enzimi (sostanze che regolano le reazioni cellulari), gli ormoni e importanti componenti del sangue. Si trovano in: **pesce**, **uova**, **cereali**, **prodotti caseari**, **frutta secca**, **legumi** e **carni bianche**. Sono formate da elementi base, detti amminoacidi, e vengono utilizzate in mancanza di altre fonti energetiche (le proteine forniscono 4 kcal per grammo).

Grassi

Come i carboidrati, i grassi vengono usati dall'organismo quale fonte di energia, ma a parità di quantità, questi ultimi forniscono più energia dei primi (9 kcal per grammo). Se l'alimentazione è troppo ricca di grassi, essi si accumulano, in forma di adipe, sotto la pelle o attorno agli organi. Due sono i tipi principali di grassi: i **grassi saturi**, di origine animale (come la carne e il burro), e i **grassi insaturi**, contenuti nella frutta secca e nell'olio di oliva. Una quantità eccessiva di grassi animali favorisce l'insorgenza di cardiopatie.

Carboidrati

I carboidrati rappresentano la principale e più efficace fonte energetica per la crescita, il sostentamento e le attività dell'organismo. Il pasto dovrebbe essere costituito soprattutto da carboidrati (forniscono 4 kcal per grammo) che si trovano in molti alimenti: **pane**, **pasta**, **patate**, **riso**, **grano**, **frutta** e **verdura**. I principali tipi di carboidrati sono la cellulosa, gli amidi e gli zuccheri: la cellulosa non viene assimilata, ma aiuta a digerire altri alimenti. Se assunti in eccesso i carboidrati sono conservati dal fegato e dai muscoli per venire utilizzati in caso di digiuno o durante l'esercizio fisico.

Vitamine

Poiché l'organismo non può produrre la maggior parte delle vitamine, queste devono essere assunte dagli alimenti. Si dividono in due gruppi: quelle liposolubili, cioè solubili nei grassi (**vitamine A**, **D**, **E** e **K**) e quelle idrosolubili, solubili nell'acqua (**vitamine C** e **B**). Le prime si trovano nel formaggio e nei pesci. La vitamina A è importante per la vista, la D per le ossa e la K per la coagulazione del sangue. Le vitamine solubili in acqua si trovano nelle verdure e nella frutta e facilitano l'assimilazione del cibo.

Minerali

Il corpo non produce alcun minerale, sebbene essi siano necessari per formare le ossa, regolare il bilancio idrico, controllare i nervi e i muscoli e produrre energia. Il corretto apporto di minerali è garantito da una dieta molto variata. I minerali più importanti, necessari in quantità abbastanza elevate, sono: **calcio**, **potassio**, **zolfo**, **fosforo**, **sodio**, **cloro** e **magnesio**. Gli altri minerali necessari, anche se in minore quantità, sono detti secondari o oligominerali. Sono ricchi di minerali i cavolfiori, gli spinaci, il crescione, i gamberi, la lattuga e le lenticchie.

Fibre

La fibra non viene assimilata dal corpo, ma svolge un ruolo importante nel processo digestivo. Rende le feci compatte e morbide, in modo che possano essere facilmente eliminate, evitando così alcuni disturbi intestinali e l'insorgere della stitichezza. Secondo alcuni le fibre possono ridurre il rischio di contrarre determinate malattie, fra cui le cardiopatie. La maggior parte delle fibre si trovano nella **frutta**, nella **verdura**, nel **pane integrale** e nella **pellicola dei cereali** (**crusca**, **riso integrale**).

Acqua

Bere è importantissimo, anche più di mangiare. Infatti se si può sopravvivere senza cibo solido per più di un mese, è estremamente pericoloso restare anche solo per pochi giorni senza apporti di liquidi (ingeriti come tali o attraverso i cibi). Tale situazione di gravità si accentua quando vi sono condizioni climatiche particolari oppure in presenza di forte disidratazione che può essere provocata da malattie come la dissenteria. Considerando che un adulto perde in media **tre litri di acqua al giorno** attraverso la sudorazione e le evacuazioni, diventa essenziale reintegrare l'equilibrio idrico per evitare di incorrere in diversi tipi di disturbi, dalla stitichezza ai problemi di pelle, dalle difficoltà digestive alla disidratazione. In un'alimentazione ricca di frutta e verdure fresche il contenuto di acqua è elevato, intorno al mezzo litro al giorno; la quantità che manca per arrivare ai tre litri deve essere introdotta bevendo.

Cosa succede quando mangiamo

Quando si chiede a qualcuno che dieta quotidiana segue, la risposta più frequente, accompagnata da una certa dose di stupore, è la seguente: «Mangio in modo normale! Quando ho tempo un primo, un secondo, il dolce e il caffè – e se posso un aperitivo con un antipasto – altrimenti un bel panino». Qui ci sono parecchi errori: vediamo quali.

► La digestione comincia in bocca con l'aiuto della masticazione e soprattutto della saliva, dotata di alcuni enzimi digestivi (la ptialina per esempio), attraverso i quali inizia la digestione dei carboidrati complessi (pane, pasta, riso).

► Nello stomaco, poi, il boccone insalivato, detto "bolo", si trasforma per azione dei succhi gastrici, la cui composizione varia a seconda del cibo introdotto.

► Dallo stomaco, attraverso il piloro, si passa nell'intestino dove la bile insieme con altri succhi pancreatici, portano a termine la digestione. A questo punto i principi nutritivi fondamentali vengono assorbiti passando nel sangue e poi trasportati a tutti gli organi del corpo. Il materiale non utilizzato va nell'intestino crasso e viene poi eliminato. I liquidi passano dai reni, dove vengono filtrati e poi espulsi i prodotti di scarto.

► Da questa prima analisi si può facilmente evincere che l'ingestione di alimenti di tipo diverso, e soprattutto non correttamente combinati, rischia di dilatare i tempi della digestione, rendendo più difficile l'assorbimento dei principi alimentari. Proviamo allora a esaminare la nostra consueta dieta alimentare.

COMPOSIZIONE DEGLI ALIMENTI IN ACQUA, PROTEINE, GRASSI E CARBOIDRATI (per 100 g di parte edibile)

ALIMENTI	ACQUA (grammi)	PROTEINE (grammi)	GRASSI (grammi)	CARBOIDRATI DISPONIBILI (grammi)
CEREALI E DERIVATI				
germe di grano	10,0	28,0	10,0	55,0
mais	12,5	9,2	3,8	75,8
orzo perlato	12,2	10,4	1,4	82,3
pane di tipo 1	34,0	8,9	0,6	60,3
pane di tipo integrale	36,6	7,5	1,3	53,8
farina di frumento integrale	13,4	11,9	1,9	68,4
farina di frumento tipo 0	14,2	11,5	1,0	76,9
farina di frumento tipo 00	14,2	11,0	0,7	78,0
LEGUMI				
ceci	13,0	21,8	4,9	54,3
fagioli (secchi)	10,7	23,6	2,5	51,7
fagiolini (freschi)	90,5	2,1	0,1	2,4
fave sgusciate	13,3	27,2	3,0	55,3
lenticchie (secche)	11,6	25,0	2,5	54,0
piselli (freschi)	76,1	7,4	0,2	12,4
VERDURE E ORTAGGI				
barbabietole rosse	91,3	1,1	0	4,0
carciofi	84,0	2,7	0,2	2,5
carote	91,6	1,1	0	7,6
cavolfiori	90,5	3,2	0,2	2,7
cavoli di Bruxelles	85,7	4,2	0,5	4,3
cipolle	92,1	1,0	0,1	5,7
finocchi	93,2	1,2	0	1,0
funghi	2,1	2,3	0,4	1,9
lattuga	94,3	1,8	0,4	2,2
patate	78,5	2,1	1,0	18,0
pomodori maturi	94,0	1,0	0,2	3,5
porri	87,8	2,1	0,1	5,2
prezzemolo	87,2	3,7	0,6	tracce
radicchio verde	88,1	1,9	0,5	0,5
ravanelli	95,6	0,8	0,1	1,8
sedano	88,3	2,3	0,2	2,4
spinaci	90,1	3,4	0,7	3,0
zucca gialla	94,6	1,1	0,1	3,5
FRUTTA FRESCA				
albicocche	86,3	0,4	0,1	6,8
ananas	86,4	0,5	0	10,0

arance	87,2	0,7	0,2	7,8
banane	79,8	1,2	0,3	15,5
castagne	41,0	3,5	1,8	42,4
fichi	81,9	0,9	0,2	11,2
fragole	90,5	0,9	0,4	5,3
limoni	89,5	0,6	0	2,3
mele	85,6	0,2	0,3	11,0
pesche	90,7	0,8	0,1	6,1
uva	80,3	0,5	0,1	15,6
FRUTTA SECCA E CONSERVATA				
fichi	19,4	3,5	2,7	66,6
nocciole	5,7	13,0	62,9	1,8
noci	6,3	15,8	63,7	6,3
olive verdi	76,8	0,8	15,0	1,0
prugne	29,3	2,2	0,5	37,1
uva	17,1	1,9	0,6	72,0
CARNE				
coniglio (semigrasso)	70,9	22,1	5,3	0,5
pollo (petto)	75,3	22,2	0,9	-
prosciutto crudo magro	54,8	28,6	11,5	0
tacchino (petto)	70,2	22,0	6,2	0,4
DOLCI				
miele	18,0	0,6	0	80,3
zucchero (saccarosio)	0,5	0	0	104,5
PRODOTTI DELLA PESCA				
acciuga e alice	76,5	16,8	2,6	1,5
merluzzo	81,5	17,0	0,3	-
sarda	73,0	20,8	4,5	(1,5)
sogliola	79,5	16,9	1,7	9,8
trota	80,5	14,7	3,0	-
LATTE, FORMAGGI E UOVA				
latte vaccino (intero)	87,0	3,1	3,4	4,0
latte vaccino (scremato)	90,5	3,6	0,2	5,3
fontina	41,1	24,5	26,9	0,8
parmigiano	29,5	36,0	25,6	tracce
pecorino	32,3	28,5	28,0	tracce
uova di gallina (albume)	87,6	10,9	tracce	0,8
uova di gallina (tuorlo)	49,2	16,3	31,9	0,7

Sotto la voce carboidrati disponibili sono compresi anche gli zuccheri semplici (quelli che solitamente danno il sapore dolce). Ecco perché, per esempio, la barbabietola rossa risulta avere una certa quota di carboidrati (4 grammi) anche se non è per nulla amidacea. Lo stesso dicasi per la carota, verdura dolce ma non amidacea.
Qui di seguito, forniamo la composizione media del riso e della pasta integrale.
Riso integrale: proteine 7,5; grassi 2,2; carboidrati 75,4 - Pasta integrale: proteine 12,5; grassi 1,2; carboidrati 75.

Fonte: Istituto Nazionale della Nutrizione

Se partiamo da un primo piatto tradizionale, cioè il **piatto di pasta** (carboidrati complessi), vediamo che questa viene attaccata dalla ptialina e successivamente dai succhi gastrici presenti nello stomaco, che ne proseguono la digestione.
Avrete osservato che non si è parlato di pasta al ragù, altrimenti la situazione si sarebbe subito complicata e poi capirete il perché!
Passiamo al secondo piatto, cioè una **bistecca**: le proteine in essa contenute hanno esigenze digestive opposte, infatti in bocca vengono attaccate dalla pepsina e non dalla ptialina e nello stomaco dall'acido cloridrico, che rende appunto acido l'ambiente facendo sì che la precedente elaborazione dei carboidrati, (il piatto di pasta) venga sospesa. Finché la carne non passa, la pasta resta ferma dov'è e il processo digestivo subisce un rallentamento.
Come vedete la faccenda si complica, e ancor di più se passiamo a qualcosa a cui è proprio difficile rinunciare, cioè il **dolce** (zuccheri semplici). Gli zuccheri dovrebbero andare direttamente nell'intestino per essere assorbiti a livello gastrico, ma trovando altri alimenti si fermano e cominciano a fermentare.
La situazione è decisamente complicata, e quindi, perché non risolvere tutto con un bel **caffè**?
Il caffè fa aumentare il livello di acidità già esistente e tende a coprire questa situazione di disagio, che emerge con un senso di torpore, sonnolenza e difficoltà digestiva, dando una sferzatina al sistema nervoso.
Quanto sopra descritto ci fa comprendere quali siano gli errori nel nostro normale modo di alimentarci, e apre la discussione su: peso forma, fabbisogno energetico e combinazioni alimentari.

Peso forma o peso ottimale

Il mantenimento del peso corporeo è una condizione molto importante per cercare di godere di un buono stato di salute. Tale concetto viene fortemente travisato spendendo fiumi di inchiostro e parole per formulare teorie diverse che creano soltanto confusione. Definire il **peso forma o ottimale** non è molto semplice, ma si può identificare come la condizione fisica che permette a ogni persona di vivere una sensazione piacevole di benessere psicofisico e pienezza vitale.

► Tale considerazione è sicuramente teorica e molto legata a sensazioni di tipo personale, in quanto ci sono individui che affermano di sentirsi bene con se stessi e con il loro corpo nonostante evidenti condizioni di sovrappeso o sottopeso. Cercando di essere più scientifici e razionali si può trovare il proprio **peso corporeo ottimale** utilizzando lo schema riportato nella pagina a fronte.

► Se la deviazione rispetto al peso ottimale è in eccesso, ma contenuta entro il 20% si parla di sovrappeso, mentre se l'eccesso supera il 20% si tratta di obesità. È opportuno chiarire che l'obesità non è solo un disturbo di tipo estetico, ma, purtroppo, predispone a diverse malattie, quali ipertensione, diabete e patologie cardiache. Per correttezza bisogna aggiungere che anche il sottopeso può essere causa di problemi, soprattutto nell'età giovanile.

Il peso corporeo dipende principalmente dalle calorie che vengono ingerite rispetto alle attività svolte. La questione è puramente matematica: il peso è mantenuto stabile se è uguale il **rapporto fra calorie assunte e consumate**. Anche piccole variazioni in eccesso, possono comportare rilevanti cambiamenti nel lungo periodo.

Fabbisogno energetico

Il fabbisogno energetico si può dividere in due parti: quello necessario per mantenere il **metabolismo basale** (cioè la spesa energetica indispensabile affinché l'organismo resti vitale in condizioni di riposo fisico e psichico) e quello necessario per compiere determinate attività.

COME CALCOLARE IL PROPRIO PESO CORPOREO OTTIMALE

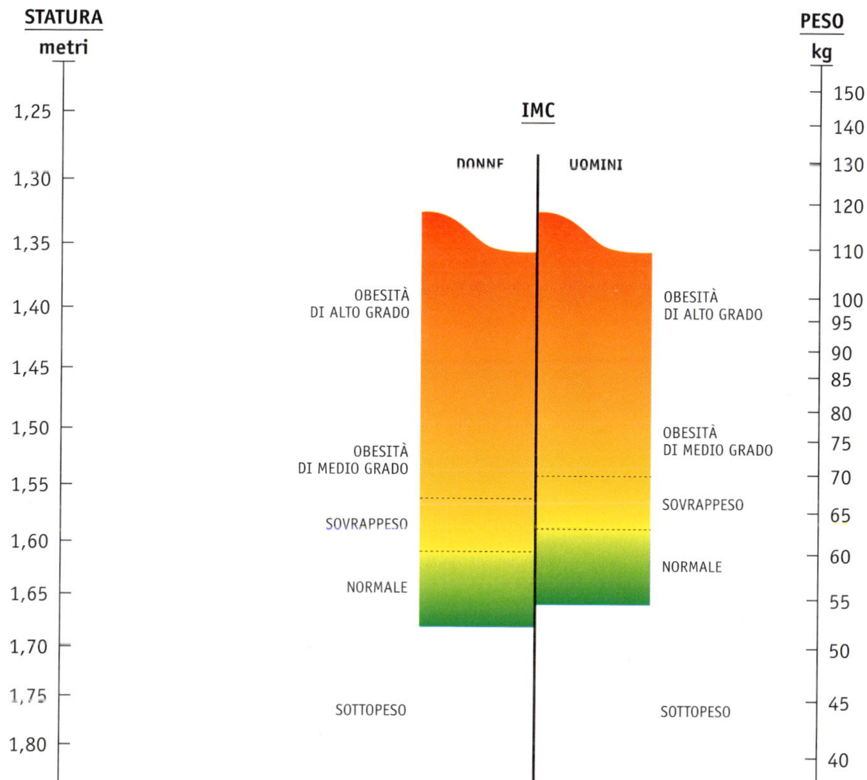

Unite con un righello i metri corrispondenti alla vostra statura (riga verticale di destra) con i chilogrammi relativi al peso (riga verticale di sinistra). Il punto di incontro della linea tracciata dal righello con la riga centrale indicherà la fascia nella quale si colloca il vostro peso (sottopeso, normale, sovrappeso, obesità). Si precisa che la riga centrale rappresenta l'"indice di massa corporea" (IMC) ottenuto dividendo il peso (in chilogrammi) per il quadrato della statura (in metri).

Fonte: Istituto Nazionale della Nutrizione

Il fabbisogno di energia varia con l'età, il sesso, la costituzione fisica, l'attività fisica svolta e in particolari condizioni, quali gravidanza, allattamento, menopausa e andropausa. Considerando che nel corso degli ultimi decenni il consumo medio giornaliero di cibo è aumentato e supera abbondantemente il livello raccomandato, è importante ricordare che l'**apporto energetico** dovrebbe essere così distribuito: 60% in carboidrati; 30% in grassi; 10% in proteine.

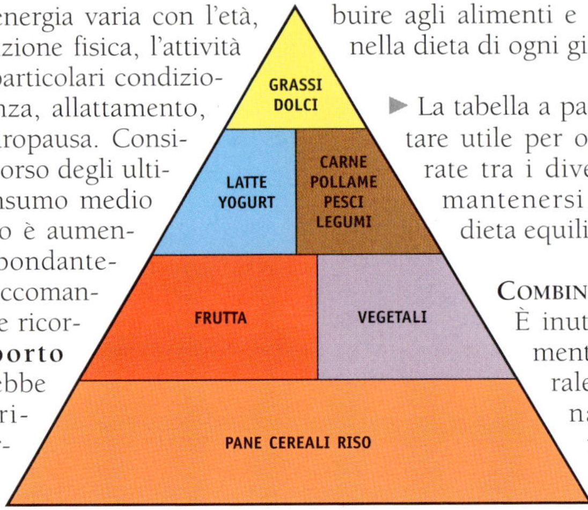

► Ancora più chiara risulta la **piramide alimentare** (illustrata qui a lato) che indica dal basso verso l'alto lo spazio da attribuire agli alimenti e la loro importanza nella dieta di ogni giorno.

► La tabella a pag. 34-35 può risultare utile per operare scelte accurate tra i diversi alimenti e per mantenersi in linea con una dieta equilibrata.

Combinazioni alimentari

È inutile scegliere di alimentarsi in modo naturale se non si combinano poi correttamente gli alimenti. Un accoppiamento di cibi sbagliato altera i processi digestivi, appesantendo e quindi "intossicando" il nostro organismo, mentre un accostamento valido eviterà questi problemi. Vediamo di seguito cosa non fare.

PRINCIPI PER UNA CORRETTA ALIMENTAZIONE

Prima di concludere ricordiamo alcuni concetti di fondamentale importanza:

- mangiate in modo regolare (colazione, pranzo, cena);
- evitate il più possibile i fuori pasto;
- mangiate lentamente;
- non eccedete nelle bevande alcoliche;
- mangiate con moderazione;
- non cedete alle tentazioni della gola o, se lo fate, non esagerate;
- abituatevi a bere molta acqua durante la giornata;
- inserite le fibre nella vostra alimentazione;
- non saltate i pasti.

Combinazioni da evitare

Cibi amidacei con cibi proteici. La digestione degli amidi che hanno subito cottura (pasta, riso, pane...) inizia in bocca grazie alla ptialina che, per questo motivo, viene prodotta in grande quantità. Nello stomaco viene inibita la produzione di acidi cloridrici così da permettere alla ptialina di continuare il processo digestivo. Se viene introdotta la carne, la digestione degli amidi si blocca in quanto assorbono i succhi gastrici necessari per la digestione della carne.

Cibi proteici diversi. Importante evitare la combinazione di carne e latte. Infatti il latte nello stomaco si coagula in grumi che avvolgono la carne impedendo ai succhi gastrici di proseguire il processo digestivo, che può continuare solo dopo che il latte è stato cagliato.

Cibi ricchi di zuccheri semplici con cibi proteici o amidacei. Questi cibi (caramelle, frutta, marmellata...) se assunti tra i pasti possono essere facilmente digeriti, ma se ciò avviene dopo un pasto abbondante, a base di amidi e carni, possono innescare la loro fermentazione.

Grassi e proteine. I grassi non favoriscono la secrezione gastrica, per cui non è opportuno associare formaggi con carne oppure burro e panna con verdure o alimenti fritti, in quanto la digestione viene rallentata.

Combinazioni corrette

Ci sono alimenti che si possono associare tranquillamente senza avere il dubbio di incorrere in una cattiva digestione. Parliamo di:
- pasta e verdure
- legumi e verdure
- carni e verdure
- formaggi e verdure
- frutta e dolciumi
- pane e olive
- pane e frutta oleosa
- latte e frutta acidula
- yogurt e frutta acidula

Avendo già subito un primo processo di digestione a opera della lievitazione, a differenza della pasta il **pane** risulta associabile al formaggio, alla carne e ai cibi proteici in generale.

In base alle indicazioni fornite oppure approfondendo personalmente l'argomento, cercate di individuare il programma alimentare a voi più adatto, quello cioè che vi permetterà di raggiungere gli obiettivi prefissati. Cercate sempre il giusto equilibrio tra ciò che mangiate e ciò che consumate, senza costringervi a dure restrinzioni: l'obiettivo è solo quello di ritrovare il modo più corretto di alimentarsi.

VALUTARE GLI ADDOMINALI

Dopo aver analizzato tutti gli effetti positivi che l'attività motoria ha sul corpo umano e di quale importanza la stessa gioca nel mantenimento dello stato di salute (l'Organizzazione Mondiale della Sanità ha sancito l'attività motoria come il mezzo più importante per prevenire le malattie) diventa basilare capire quale tipo di attività è più importante per ognuno di noi.
Trattando gli addominali, per capire se gli stessi hanno bisogno di essere "risvegliati" per permetterci una miglior posizione quando siamo in piedi o seduti, "stimolati" per aiutarci durante la corsetta per la quale ci siamo ritagliati del tempo alla nostra vita frenetica, "rinforzati" per evitare quei fastidiosi mal di schiena per i quali non riusciamo a muoverci e infine "potenziati" per rendere il nostro aspetto più gradevole e a prova di costume per l'estate, sarà necessario valutarne le caratteristiche.
La valutazione potrebbe essere effettuata da personale esperto (laureato in scienze motorie, fisioterapista) attraverso dei test specifici, ma non sempre è possibile, perciò vi daremo delle indicazioni per svolgere dei test da soli sia che vi troviate a casa vostra con un po' di spazio a disposizione, sia che vi troviate nel vostro ufficio con molto meno spazio e poco tempo da gestire.
Se siete a casa sdraiatevi per terra, mettete le mani dietro la nuca, piegate le gambe e infilate i piedi sotto un mobile pesante (scrivania, armadio o il letto). Adesso senza trattenere il fiato provate a salire con il busto fino a toccare le ginocchia con i gomiti. Riuscite a farne 10 consecutivi? Se sì, lo fate con facilità o vi risulta molto faticoso?
Se siete in ufficio sedetevi sulla vostra sedia, lasciando lo schienale lateralmente e mantenendo i piedi ben appoggiati al pavimento. Tenendo le mani sulla pancia e la testa flessa in avanti con il mento vicino al collo, scendete lentamente verso il basso all'indietro di 10-15 cm (25-30 gradi). Riuscite a mantenere questa posizione per 20" senza che il corpo inizi a tremare?
Se nelle due prove vi siete ritrovati a faticare troppo e avete avuto la sensazione di essere proprio fuori forma, allora è proprio necessario iniziare a lavorare! Nel caso siate riusciti ad affrontarle senza troppi disagi è il momento di darsi da fare per ritrovare la forma che avete sempre desiderato!

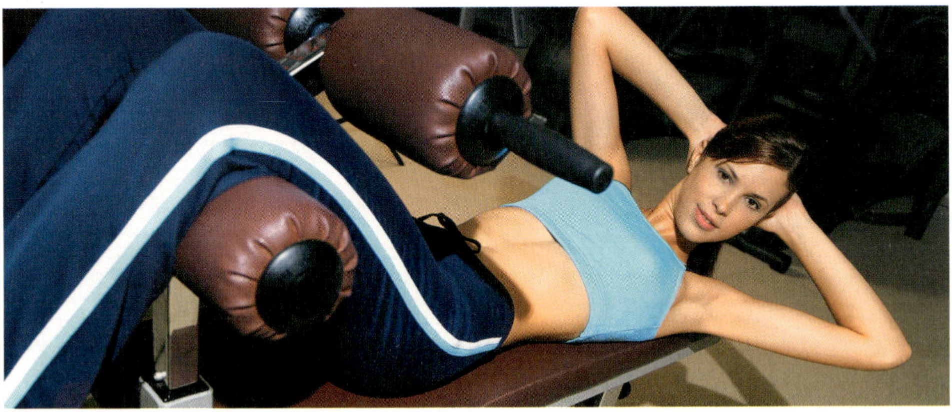

PRIMA DI INIZIARE

INDICAZIONI DI TIPO OPERATIVO

Alcune semplici indicazioni vi permetteranno di poter svolgere con buoni risultati il programma di allenamento che, in base alle indicazioni fornite, sarà risultato più adatto alle vostre esigenze e soprattutto più facilmente inseribile nel vostro contesto di vita quotidiana.
Tali indicazioni – da non dimenticare mai – sono le seguenti.

▶ **Il momento**. Scegliete un momento qualsiasi della giornata per svolgere i vostri esercizi in cui abbiate la possibilità di lavorare con calma e rilassamento, senza essere presi dalle preoccupazioni quotidiane del telefono, dei figli, degli impegni e degli studi da svolgere.

▶ **L'abbigliamento**. Anche questo aspetto è molto importante. Liberatevi, se possibile, da tutto ciò che vi comprime e vi stringe, impedendovi di respirare liberamente; indossate indumenti comodi che consentano libertà di movimento.

▶ **La frequenza del lavoro**. Cercate di dedicare un minimo di tempo agli esercizi per lo meno tre volte alla settimana, con almeno 15 minuti per seduta, in quanto la continuità del lavoro permetterà di mantenere gli effetti del movimento sul corpo. Non vale la pena di effettuare una sola estenuante seduta alla settimana facendo poi passare troppo tempo prima della successiva, perché questo comporterebbe il rischio di non mantenere i risultati raggiunti.

▶ **L'ascolto di se stessi**. Effettuate tutti gli esercizi senza puntare al massimo dello sforzo fisico, ma cercando di ascoltare le sensazioni di piacere o di dolore trasmesse dal vostro corpo; nel caso proviate dolore durante lo svolgimento degli esercizi, sarete costretti a bloccare l'esecuzione o a ripeterla in modo più accurato. Il lavoro deve sempre partire dal vostro stato fisico, e va cambiato se i messaggi del vostro corpo, in quel momento, non vi permettono di effettuare ciò che avevate programmato.

▶ **La valutazione degli effetti immediati**. Se avete qualche dubbio relativamente al vostro stato di salute e vi sentite eccessivamente stanchi anche dopo un lavoro semplice o avvertite la sensazione fisica di far fatica a respirare, dolori muscolari e articolari, allora sarà necessario eseguire un controllo medico approfondito, per evitare sorprese sgradite durante il programma di lavoro.

Consultazione del testo

Per poter comprendere il lavoro che andremo ad affrontare è necessario illustrare anche in maniera teorica la struttura del programma di lavoro; potete passare alla pratica trovando di seguito le indicazioni utili per poter svolgere il vostro piano di esercizi.

► Verranno proposte tre progressioni di lavoro differenziate per livello, in rapporto al grado di difficoltà degli esercizi indicati e precisamente:
- **livello A**: esercizi semplici,
- **livello B**: esercizi di medio livello,
- **livello C**: esercizi di livello complesso.

► Per ogni esercizio verrà specificata, attraverso la descrizione scritta, l'esecuzione tecnica più corretta, gli errori in cui si può incorrere più comunemente e la respirazione da seguire.

► La strutturazione del testo con molte fotografie vi permetterà di visualizzare gli esercizi e la loro esecuzione. Una volta acquisita la finalità dell'esercizio, le sole fotografie vi consentiranno di procedere all'esecuzione in maniera rapida e con l'ottenimento del miglior risultato.

► Il carico di lavoro e le sue variazioni seguiranno le indicazioni previste al paragrafo relativo al **sovraccarico** (vedi pag. 19) ma comunque verranno indicate anche nelle tabelle di lavoro.

Struttura delle sedute di lavoro

Facendo i conti con il vostro tempo, la seduta di lavoro che deciderete di eseguire verrà strutturata rispettando la seguente sequenza di esercizi suddivisi in:
- esercizi di respirazione;
- esercizi per la schiena (mobilità cervicale, dorsale, lombare);
- stretching;
- fase di riscaldamento;
- esercizi per gli addominali.

► Il **tempo** da dedicare alla seduta dipenderà dalla vostra disponibilità, ma non potrà essere mai inferiore a 15-20 minuti, periodo che permette al corpo di poter appropriarsi delle variazioni fisiologiche legate all'esercizio.
Gli esercizi proposti per le varie fasi sono molteplici, principalmente per permettere di variare il tipo di lavoro sui diversi settori (esercizi di livello per la muscolatura addominale), ma anche per evitare la noia che può subentrare nella ripetitività dei soliti gesti (esercizi di respirazione, mobilità, stretching e riscaldamento).

▶ È importante definire il **numero degli esercizi** da svolgere nelle sedute di lavoro.
Per ciò che riguarda gli **esercizi di respirazione** seguite le indicazioni del testo per ogni seduta di lavoro.
Per gli **esercizi per la schiena**, vista l'importanza precedentemente sottolineata, sarà importante svolgere almeno un esercizio per ogni zona interessata (cervicale, dorsale, lombare).
Per lo **stretching** seguite le indicazioni del testo.
Per la **fase di riscaldamento** scegliete una sequenza per seduta.
Per gli **esercizi addominali** la suddivisione sui tre livelli per quel che riguarda la seduta iniziale, è la seguente:
- **esercizi di livello A**: si parte da 6 ripetizioni per esercizio, aggiungendo una ripetizione alla settimana fino ad arrivare a 10;
- **esercizi di livello B**: si parte da 6 ripetizioni, aggiungendo una ripetizione alla settimana fino ad arrivare a 10;
- **esercizi di livello C**: si parte da 6 ripetizioni, aggiungendo una ripetizione alla settimana fino ad arrivare a 10.

▶ Il **passaggio tra un livello e l'altro** (per esempio dal livello A al livello B) comporterà la partenza da 6 ripetizioni con l'aumento di una ripetizione per ogni settimana fino ad arrivare a 10 e così via, come visto precedentemente.
Facciamo un esempio pratico. Se una persona deve partire dal livello A, farà 6 ripetizioni per ogni esercizio aggiungendo una ripetizione per settimana. Dopo 4 settimane avrà raggiunto 10 ripetizioni e potrà così partire dagli esercizi di livello B con 6 ripetizioni fino ad arrivare a 10 e così via. Quando avrà raggiunto le 10 ripetizioni del livello C, ripartirà dal livello C ma con 10 ripetizioni, aggiungendone una alla settimana fino ad arrivare a 15, poi da 15 fino a giungere a 20 ripetizioni. Questo lavoro comporta un impegno lungo e costante finalizzato alla creazione di un'abitudine motoria quotidiana e a una maggiore sollecitazione a livello muscolare. Se vi trovate a fare più di 25 ripetizioni può essere accaduto che:
- l'esercizio è troppo semplice;
- viene eseguito in modo non corretto.

Esercizi per la schiena

Questi esercizi vanno eseguiti con estrema attenzione prima di ogni seduta da tutti coloro (giovani, adulti, principianti o allenati) che intendono lavorare, ma soprattutto dai soggetti che per qualche motivo soffrono del cosiddetto "mal di schiena". Tutti gli esercizi proposti devono essere svolti con attenzione e seguendo le indicazioni, senza mai cercare di forzare il movimento.

MOBILITÀ CERVICALE

1 Seduti con le gambe incrociate e le mani sulle ginocchia.

2 Inspirate; espirando flettete il capo in avanti, inspirando ritornate nella posizione di partenza mantenendo fermo il capo. Ripetete per 6 volte.

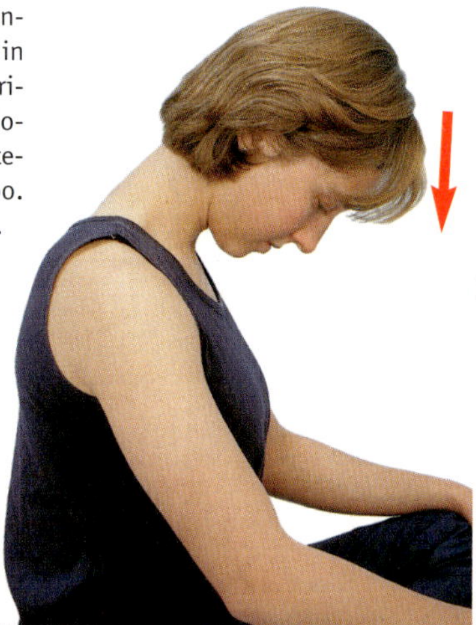

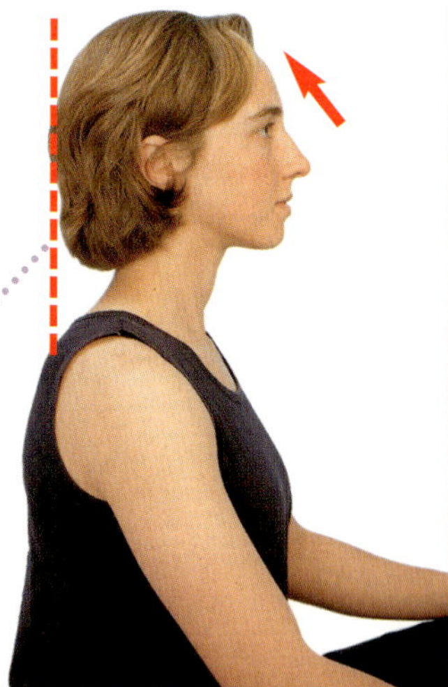

Non flettete il capo all'indietro.

3 Inspirate; espirando inclinate il capo lateralmente a destra, inspirando ritornate ed espirando scendete verso sinistra. Ripetete 6 volte.

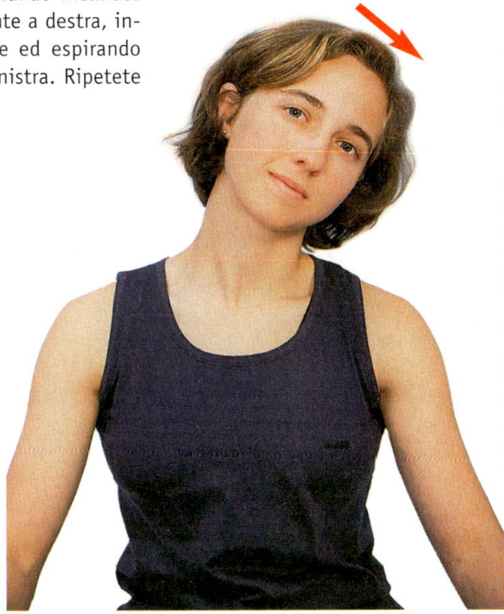

4 Inspirate; espirando ruotate il capo a destra, inspirando ritornate ed espirando ruotate il capo verso sinistra. Ripetete 6 volte.

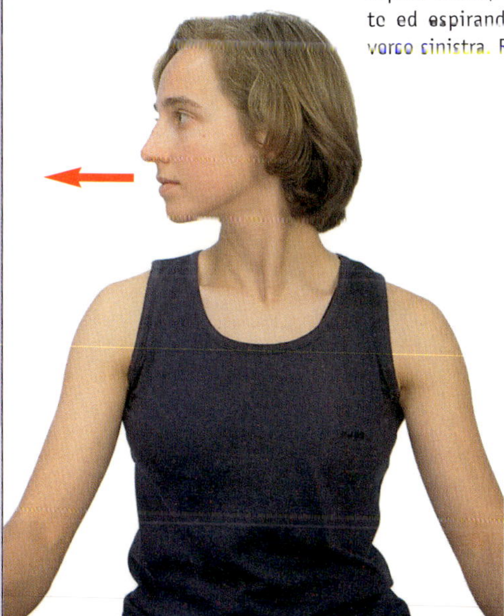

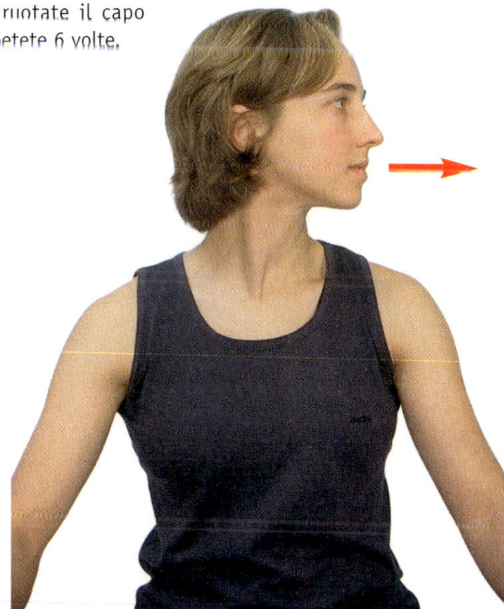

MOBILITÀ DORSALE

1 Posizione a quattro zampe, con la testa rilassata.

2 Inspirate; espirando spingete il busto verso l'alto piegando la testa verso le braccia, inspirando fate scendere il busto verso il basso portando poi il capo verso l'alto. Ripetete 6 volte.

Fate attenzione a non spingere troppo il busto verso il basso.

3 Inspirate; espirando avvicinate i glutei ai talloni allungando così tutta la zona dorsale, inspirando ritornate e ripetete 6 volte.

4 Inspirate; espirando inclinate il busto lateralmente verso sinistra, inspirando tornate al centro ed espirando inclinate verso destra. Ripetete 6 volte.

MOBILITÀ LOMBARE

1 Distesi con le gambe piegate, inspirate. Espirando portate una gamba verso il torace abbracciandola con le mani, inspirando riappoggiate la gamba e le braccia a terra e ripetete con l'altra gamba. Eseguite 10 volte.

2 Inspirate; espirando portate le due gambe verso il torace abbracciandole con le mani e molleggiandole leggermente verso di voi; inspirando riappoggiate a terra. Ripetete 6 volte.

3 Inspirate; espirando ruotate il bacino in avanti e in alto cercando di appiattire l'incavo della zona lombare. Inspirando ritornate nella posizione di partenza. Eseguite 10 volte.

Stretching

Anche per questa categoria di esercizi si devono spendere due parole, vista la loro importanza all'interno di qualsiasi programma di lavoro. Lo stretching permette infatti di rilassare i muscoli contratti e tesi, di controllare le proprie tensioni e, non da ultimo, di ritrovare quel ritmo respiratorio corretto che tanto abbiamo enfatizzato in tutti i nostri esercizi.

Per eseguire bene anche questi esercizi è necessario pertanto tener conto delle seguenti indicazioni:

- non forzare mai lo stretching fino ad arrivare al dolore;
- non effettuare mai dei molleggi (movimento peraltro assolutamente non corretto soprattutto da un punto di vista fisiologico) con l'idea di ottenere un maggior risultato;
- seguire attentamente i segnali trasmessi dai vostri muscoli senza cercare mai di ignorarli.

ESERCIZIO n.1

1 In piedi con le gambe divaricate e leggermente piegate.

2 Inspirate; espirando estendete il braccio destro verso l'alto mantenendo il sinistro in appoggio sul fianco corrispondente e contemporaneamente inclinate il busto verso sinistra. Inspirando effettuate il ritorno ed espirando ripetete sull'altro lato. Eseguite 10 volte.

3 Inspirando estendete le braccia verso l'alto; espirando rilassate le braccia e lasciatele cadere verso il basso facendo in modo che la testa, le spalle, il busto seguano il movimento (immaginate un manichino gonfiabile che si sgonfia lentamente), ritrovandovi verso il pavimento con le gambe piegate e i piedi in appoggio sugli avampiedi. Inspirando estendetevi di nuovo verso l'alto muovendo il corpo in modo opposto rispetto a prima per ritrovarvi nella posizione iniziale. Ripetete 5 volte.

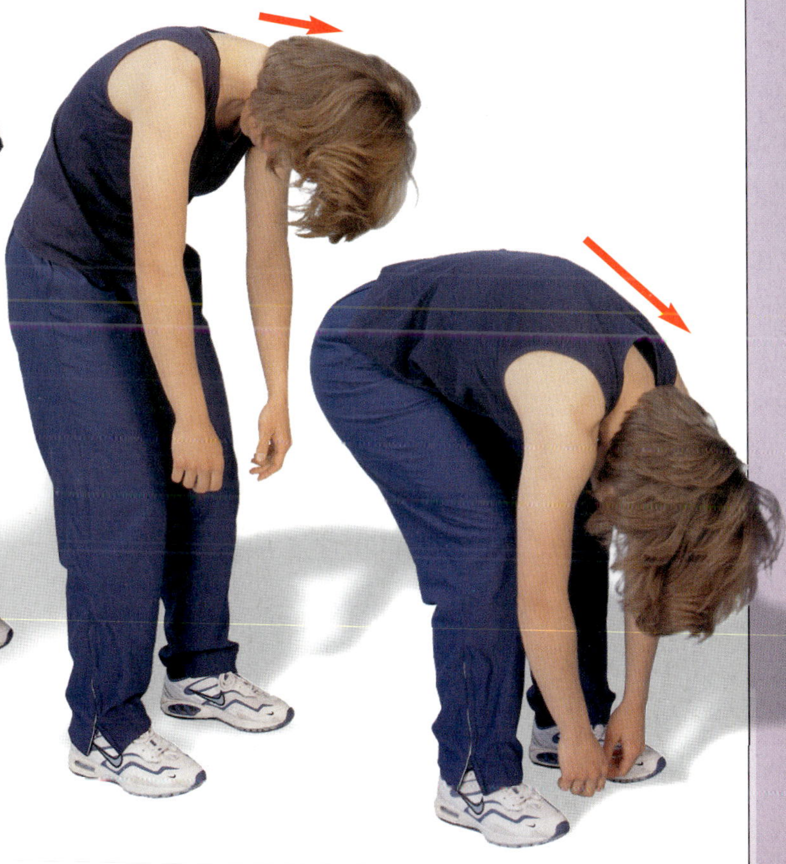

ESERCIZIO n.2

1 Seduti con le gambe piegate, tenendo con le mani le punte dei piedi.

2 Inspirate; espirando estendete lentamente la gamba destra sul pavimento, mantenendo l'impugnatura della mano sul piede e seguendo il movimento con il busto. Inspirando ritornate ed eseguite con la gamba opposta. Ripetete 5 volte per gamba.

ESERCIZIO n.3

1 Distesi con le gambe piegate e le mani dietro la nuca.

2 Inspirate; espirando chiudete la testa fra i gomiti, come se fosse una noce in uno schiaccianoci, e portatela in avanti e verso il basso cercando di avvicinare il mento al torace e di percepire l'allungamento nella zona cervicale. Inspirando ritornate. Ripetete 4 volte.

Per questo esercizio è importante percepire la sensazione a livello della zona cervicale e dorsale che deve essere di allungamento e non di tensione o fastidio.

Fase di riscaldamento

Per poter affrontare l'impegno muscolare in una situazione fisiologica positiva, è importante "riscaldarsi" bene, affinché l'organismo sia in grado di sopportare senza difficoltà il programma di tonificazione muscolare che viene proposto. L'attività che sceglierete dovrà essere ritmica e continua, permettendovi così di sollecitare l'apparato cardiocircolatorio in modo progressivo e continuo. Un suggerimento valido potrebbe essere quello di effettuare una camminata oppure una corsa sul posto, ma questo rischierebbe di rendere il lavoro noioso e poco stimolante. In alternativa eseguite dei movimenti seguendo il ritmo di una musica di vostro gusto o, se non è possibile, canticchiate voi stessi il ritmo che vi piace di più: sarà comunque un piacevole sottofondo e servirà per uccidere la noia dei movimenti, sempre in agguato. Attenti comunque a non mettere il cuore in difficoltà! Infatti se da uno stato di riposo si parte con un lavoro intenso, si corre il rischio che la circolazione nel sistema miocardico (quella che dà nutrimento al cuore) non possa fornire sangue a sufficienza (situazione nota con il nome di "ischemia cardiaca") con conseguenze facilmente superabili in una persona allenata, ma fonte di seri problemi in un principiante, soprattutto in presenza di patologie cardiache. Il lavoro di riscaldamento consisterà perciò, nel passare da un'attività lieve (90-100 pulsazioni al minuto) a un'attività moderata (120 pulsazioni al minuto) per un tempo che progressivamente varierà dai 5 ai 10 minuti.

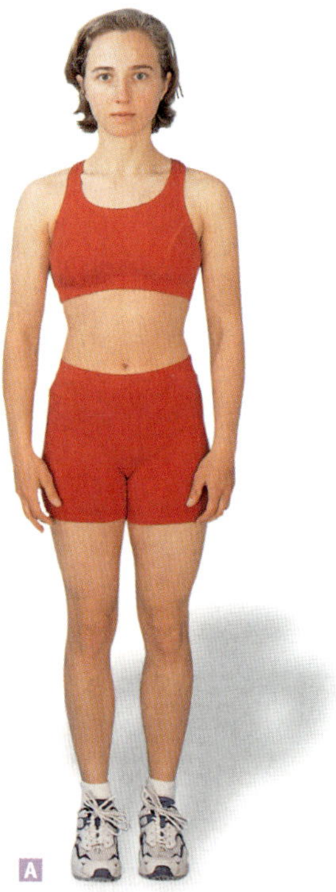
A

ESERCIZIO n.1

Dalla posizione di partenza (che da questo momento definiremo p.p.), come si vede nella foto A, fate un saltello verso sinistra (B) in due tempi, verso destra (C), all'indietro (D) e in avanti (E), ritornando così nella p.p.

B

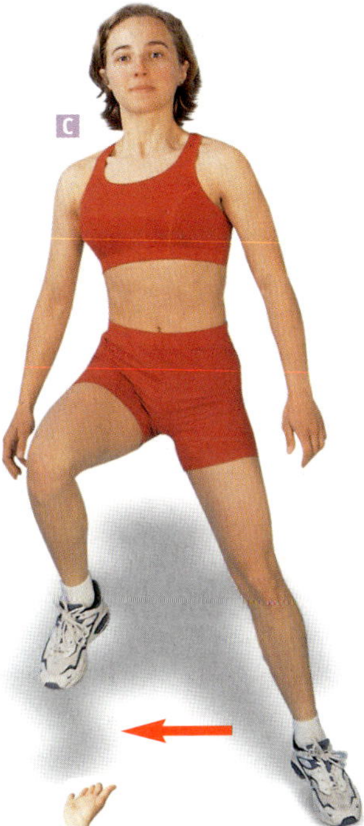

C

D

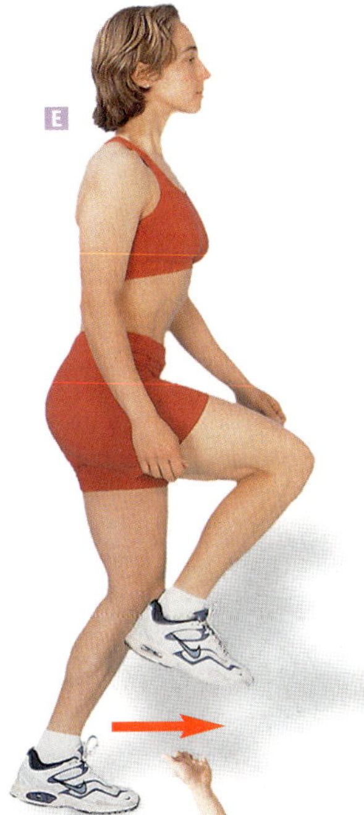

E

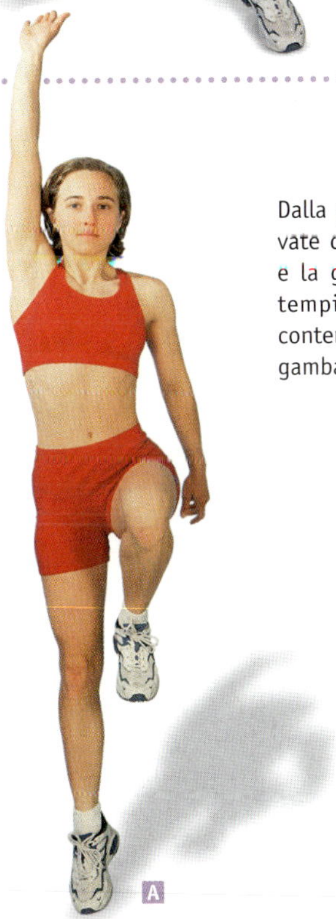

A

ESERCIZIO n.2

Dalla p.p. (pagina a fronte, foto A), sollevate contemporaneamente il braccio destro e la gamba sinistra flessa in alto in due tempi (A); ritornate alla p.p., sollevate contemporaneamente il braccio sinistro e la gamba destra flessa in alto (B).

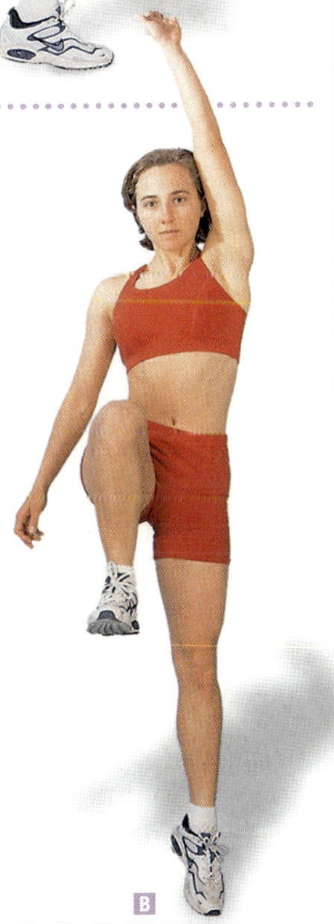

B

ESERCIZIO n.3

Dalla p.p. con le braccia aperte in fuori e in linea con le spalle (A), effettuate una torsione del busto verso destra avvicinando il braccio sinistro a quello destro e portando contemporaneamente la gamba destra flessa verso l'alto (B). Ritornate alla p.p. e ripetete verso sinistra.

A

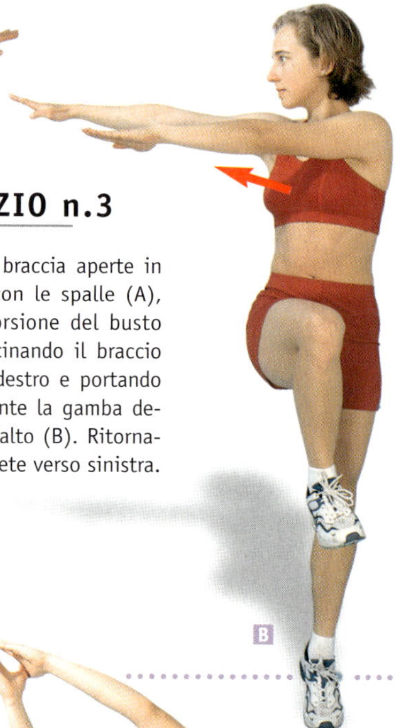

B

ESERCIZIO n.4

Dalla p.p. ma con le braccia in alto, le mani unite e le dita incrociate (A), inclinate il busto verso destra piegando leggermente le gambe (B). Ritornate alla p.p. e ripetete verso sinistra.

A

B

ESERCIZIO n.5

Dalla p.p. con le braccia sollevate in fuori (A), inclinate il busto verso destra portando il braccio destro fino ad avvicinarsi al piede destro e il braccio sinistro verso l'alto (B). Ritornate alla p.p. e ripetete dalla parte opposta.

ESERCIZI PER GLI ADDOMINALI

Esistono moltissimi libri di esercizi addominali e la nostra fantasia ci può suggerire nuove evoluzioni sempre più complicate e spettacolari (tutti ricorderanno i film americani sulla storia di un pugile che per allenarsi faceva esercizi incredibili e altrettanto irrealizzabili per i comuni mortali) con le quali avere la senzazione di ottenere risultati sorprendenti.
Molti di questi libri vengono redatti da allenatori di atleti, oppure da atleti che vogliono mettere per iscritto la loro esperienza sul campo; o ancora da terapisti che svolgono attività diretta al recupero funzionale di individui che hanno subìto un incidente o un trauma.
La maggior parte della gente, fra cui anche voi, pubblico di lettori, non fa parte della categoria degli atleti, né ambisce a diventare allenatori (e forse questa guida potrebbe essere un valido sussidio anche per loro...), non ha subìto alcun trauma, né deve recuperare da un incidente di tipo fisico. Allora perché annoiarvi con indica-

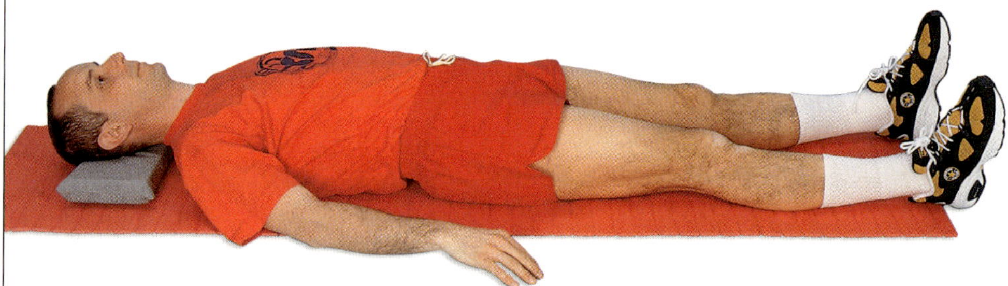

La sequenza fotografica mette in evidenza che cosa succede quando si sollevano le gambe tese verso l'alto, azione tipica del modo tradizionale di eseguire esercizi per gli addominali.

Durante l'esercizio si provoca una contrazione dello psoas-iliaco con conseguente negativo inarcamento della zona lombare; a essa si risponde cercando di sostenere il busto con l'appoggio della mano, mentre la zona cervicale resta estesa all'indietro.

zioni e suggerimenti che, per fortuna, non vi riguardano direttamente? Quindi per un pubblico quanto mai ampio ed eterogeneo – dal comune mortale con la "pancetta" fino all'atleta in odore di olimpiadi – partiamo da un esercizio di base dal quale poi si svilupperanno tutti gli altri.

a fronte). Se si chiede a una persona fuori forma di passare dalla posizione distesa a quella seduta, questa avrà sicuramente difficoltà a eseguire l'esercizio poiché esso risulta avere un'intensità non graduale. L'esercizio di base consisterà perciò nel **distendersi partendo da seduti**, cioè il movimento precedente svolto al contrario, lavoro che presenta un duplice vantaggio.

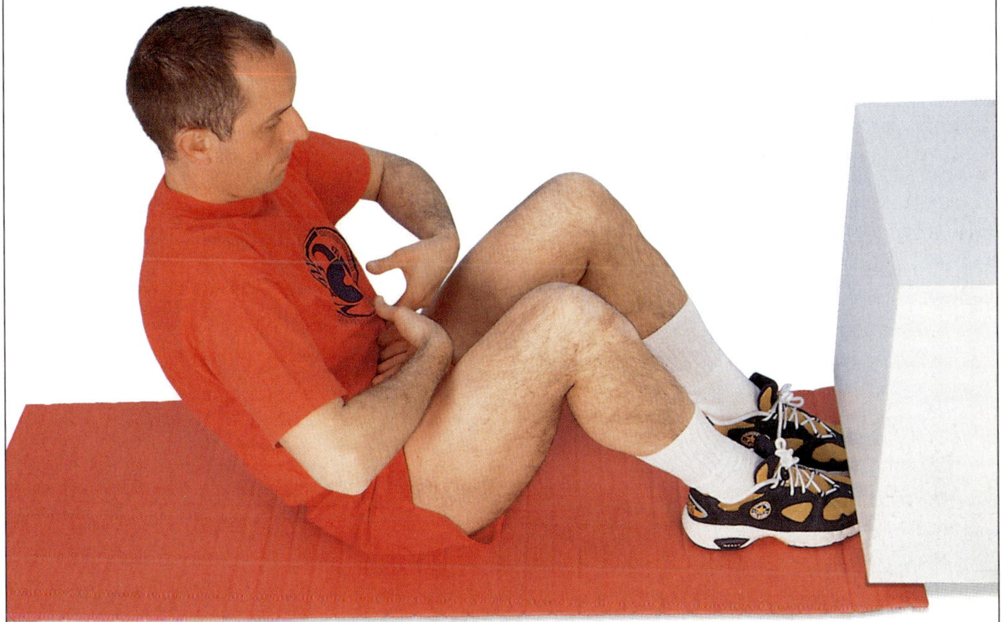

L'esecuzione dell'esercizio partendo da seduti e scendendo verso il basso, permette di controllare il movimento e nel contempo di percepire il lavoro della muscolatura addominale.

► Gli addominali di cui abbiamo analizzato tanto la struttura quanto la funzionalità, sono fondamentalmente muscoli che tendono a contrarsi isometricamente (cioè senza variazione di lunghezza) e non isotonicamente (con variazione di lunghezza) come la maggior parte della muscolatura del corpo. Ogni volta che ci si alza dalla posizione seduta o sdraiata si tende a coinvolgere il muscolo psoas-iliaco, con una eccessiva tensione sulla zona lombare della schiena, senza che vengano interessati i muscoli addominali. Questo di solito si verifica durante l'esercizio standard che serve a tonificare gli addominali, qualora non sia eseguito correttamente (fotografia

Il primo è quello della gradualità d'intensità rispetto al sollevarsi partendo da distesi, in quanto scendendo verso il basso ci si può fermare al punto in cui ci si sente in difficoltà, rendendo così lo sforzo assolutamente personale. Il secondo è quello di percepire il lavoro dei propri muscoli addominali soprattutto nella prima fase; tale meccanismo viene definito **bioretrazione** e si attiva toccando la muscolatura mentre questa è sollecitata dal movimento. La muscolatura reagisce all'esercizio mandando un segnale (fotografia sopra).

► Ecco come procedere: mettetevi seduti con le gambe piegate, i piedi infilati sotto un mobile, tenendo la testa flessa in avanti e le mani sulla pancia, in modo che le dita delle mani possano sentire i muscoli.

► Respirando in modo naturale, quindi senza trattenere il fiato, scendete lentamente verso il basso finché non percepite la sensazione di compiere uno sforzo moderato, oppure continuate a scendere alla ricerca di tale sensazione. Se lo sforzo è eccessivo riappoggiatevi a terra, con l'aiuto delle mani riportatevi seduti e ripetetelo. In questo momento ha inizio il processo di tonificazione. Come si vedrà in seguito nell'elenco degli esercizi, tale posizione dovrà essere mantenuta per 15-20", fino a quando i vostri muscoli tenderanno a "tremare". Con l'allenamento questo limite verrà spostato sempre più in avanti offrendovi un ulteriore segnale del miglioramento della vostra forma fisica.
Quando potrete mantenere la posizione per 20" senza che intervengano i tremori muscolari, vi potrete spostare verso il basso, e così di seguito fino a sfiorare il pavimento.

► A questo punto si può agire per aumentare il **sovraccarico** coinvolgendo le braccia. Infatti finora gli arti superiori sono stati mossi per permettere alle mani di percepire la contrazione muscolare, grazie alla bioretrazione, mentre da adesso varieranno la loro posizione nel modo illustrato a fianco.

► Quando avrete raggiunto l'obiettivo e cambierete la posizione, come viene indicato nei tre programmi di lavoro, dovrete ripartire dalla posizione prevista per 15" in quanto la posa risulterà ogni volta più difficile da mantenere.

Le mani sulla pancia permettono di percepire la muscolatura addominale.

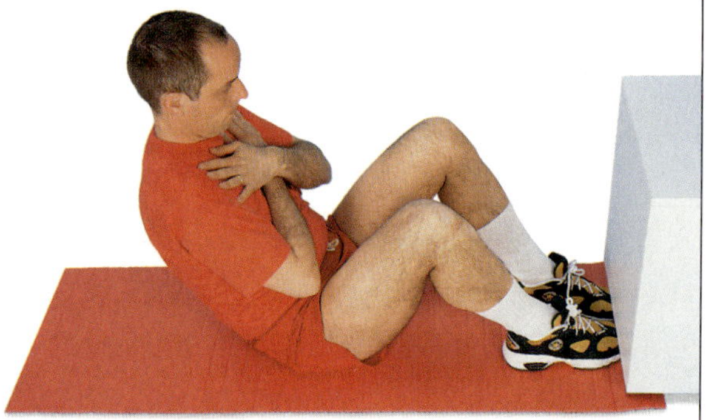

Con le mani sul torace il sovraccarico aumenta.

Con le mani dietro la nuca il sovraccarico è notevole, per questo fate attenzione a non eseguire l'esercizio in maniera scorretta.

Esercizi di livello A

ESERCIZIO n.1

Sul dorso, gambe piegate, braccia rilassate, piedi a terra. Inspirate; espirando contraete gli addominali appiattendo la curva lombare e sollevando leggermente il pube. Mantenete la posizione. Inspirando rilassate e ripetete.

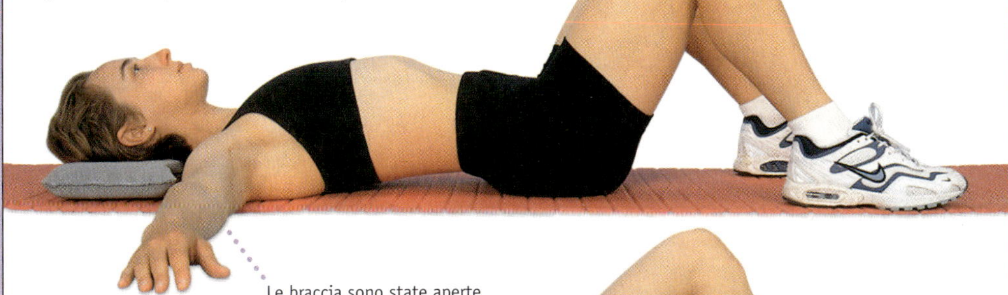

Le braccia sono state aperte a croce per permettere di vedere meglio il movimento.

ESERCIZIO n.2

Con i piedi bloccati sotto un mobile (letto, divano, scrivania), gambe piegate, cosce avvicinate ai polpacci, mani sulla pancia e testa flessa in avanti. Inspirate; espirando scendete lentamente verso il basso (senza inarcare la schiena), fermandovi per 10-15″ nel punto in cui sentite un leggero sforzo. Quando la fatica o il tremore muscolare si fanno sentire, inspirando risalite e ripetete.

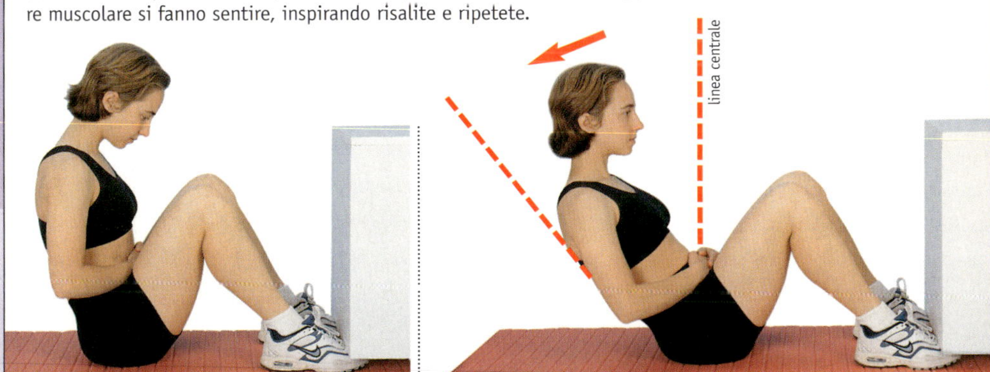

ESERCIZIO n.3

Sdraiati a terra, gambe piegate, piedi ben appoggiati, mani dietro la nuca, gomiti avvicinati fra loro. Inspirate; espirando, con l'aiuto delle braccia, sollevate la testa e le spalle dal pavimento senza inarcare la schiena. Inspirando rilassate e ripetete.

ESERCIZIO n.4

Sdraiati con le mani dietro la nuca, i gomiti aperti, gamba sinistra piegata e in appoggio a terra, gamba destra in appoggio sul ginocchio sinistro. Inspirate; espirando, facendo leva sul gomito destro, sollevate la testa e il busto avvicinando il gomito sinistro al ginocchio destro. Inspirando ritornate a terra. Ripetete cambiando posizione.

ESERCIZIO n.5

Sdraiati, gambe piegate, piedi ben appoggiati a terra, braccia distese in alto. Inspirate ed espirate gonfiando (inspirazione) e sgonfiando (espirazione) l'addome e contraendo i muscoli addominali durante l'espirazione.

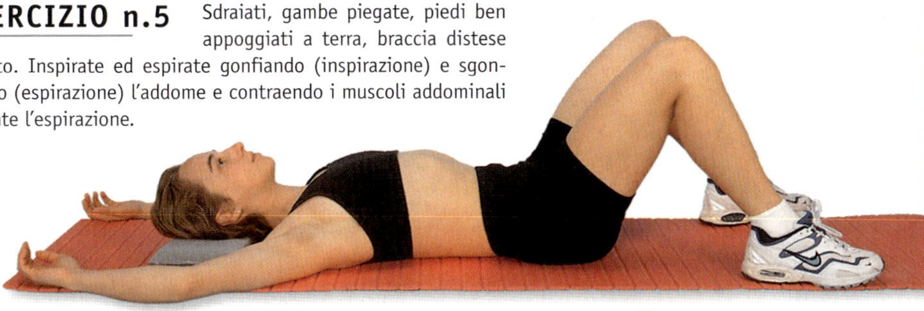

ESERCIZIO n.6

Sdraiati, gambe piegate, piedi appoggiati a terra, braccia lungo i fianchi, palmo delle mani a contatto con il pavimento. Inspirate; espirando portate le gambe flesse verso il capo cercando di sollevare i glutei dal pavimento. Inspirando tornate a terra e ripetete.

ESERCIZIO n.7

Sdraiati, gambe piegate in appoggio su una sedia o su uno sgabello e mani che fanno presa sulle cosce.

Inspirate; espirando, aiutandovi con le mani che impugnano la parte posteriore delle cosce, sollevate la testa, flessa verso il mento, le spalle e il busto verso l'alto. Inspirando rilassate e ripetete.

ESERCIZIO n.8

Sdraiati sul fianco destro, testa in appoggio sulla mano destra, gomito destro a terra, gamba destra flessa in avanti e gamba sinistra estesa in basso. Inspirate; espirando sollevate la gamba sinistra in alto, tenendola in linea con il busto. Inspirando rilassate e ripetete. Dopo 6 ripetizioni cambiate la posizione portandovi sul fianco sinistro.

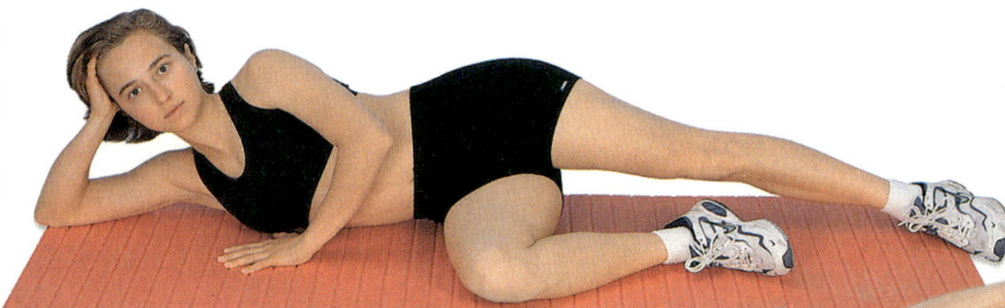

ESERCIZIO n.9

Sdraiati, mani dietro la nuca, piedi in appoggio a terra. Inspirate; espirando sollevate la gamba destra flessa e il busto, sostenendo la testa con le braccia, avvicinandoli alla linea centrale. Inspirando rilassate e ripetete con l'altra gamba.

ESERCIZIO n.10

Seduti (a terra) sui talloni, braccia distese in avanti e busto eretto. Inspirate; espirando sollevate i glutei e spostatevi verso destra andando a sedervi sul pavimento, quindi spostate le braccia verso sinistra. Inspirando ritornate al centro seduti sui talloni ed espirando eseguite verso sinistra. Ripetete per 6 volte.

ESERCIZIO n.11

Sdraiati, braccia aperte a croce, palmi rivolti verso il pavimento, gambe piegate verso il torace e piedi staccati da terra. Inspirate; espirando fate cadere le gambe a destra appoggiandole sul pavimento. Inspirando ritornate al centro. Ripetete verso sinistra.

ESERCIZIO n.12

Seduti su una sedia o su uno sgabello, piedi ben appoggiati a terra, busto eretto, tenete un bastone (va bene anche un manico di scopa) sulle spalle, impugnandolo alle estremità.

Inspirate; espirando eseguite una torsione verso sinistra, inspirando ritornate al centro e poi ripetete dalla parte opposta.

Esercizi di livello B

ESERCIZIO n.1

Appoggiati con la schiena contro il muro, gambe leggermente piegate, braccia lungo i fianchi. Inspirate; espirando appiattite la zona lombare, sollevando leggermente il pube. Mantenete la posizione per la durata dell'espirazione. Inspirando rilassate e ripetete.

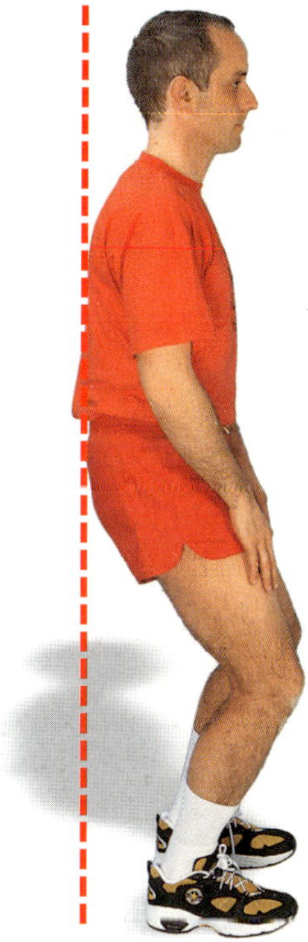

ESERCIZIO n.2

Seduti, piedi fissi sotto un mobile, gambe piegate e cosce avvicinate ai polpacci, mani sul torace e capo flesso in avanti. Inspirate; espirando scendete verso il basso lentamente (senza inarcare la schiena) fermandovi 10 15" nel punto in cui sentite un leggero sforzo. Quando la fatica o il tremore muscolare si fanno sentire, inspirando risalite e ripetete.

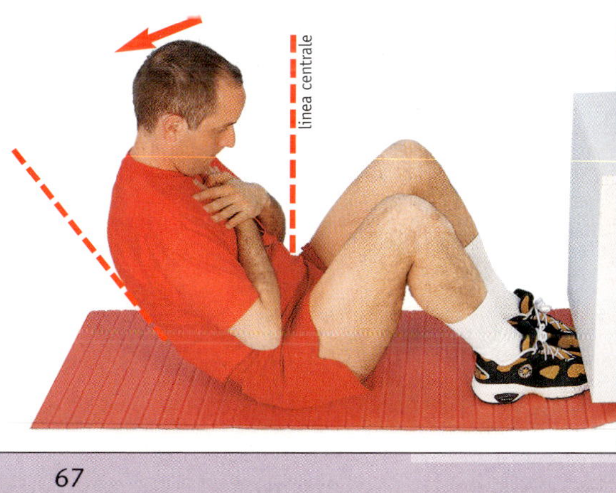

ESERCIZIO n.3

Sdraiati a terra, gambe piegate, piedi in appoggio, braccia lungo i fianchi. Inspirate; espirando sollevate la testa, le spalle e le braccia, cercando di avvicinare le mani alle cosce. Inspirando ritornate a terra e ripetete.

Sollevate in successione testa, spalle e braccia; nel ritorno seguite l'ordine inverso.

ESERCIZIO n.4

Sdraiati a terra, braccia aperte a croce, palmi delle mani appoggiati sul pavimento, gambe flesse verso il torace e piedi staccati da terra.

Mantenete sempre le spalle ben aderenti al pavimento.

Inspirate; espirando fate cadere le gambe verso destra senza toccare il pavimento. Inspirando ritornate al centro e ripetete dalla parte opposta.

ESERCIZIO n.5

Sdraiati a terra, mani dietro la nuca, gambe piegate, piedi appoggiati sul pavimento. Inspirate ed espirate molto velocemente con il diaframma (gonfiate e sgonfiate la pancia) per 6 volte.

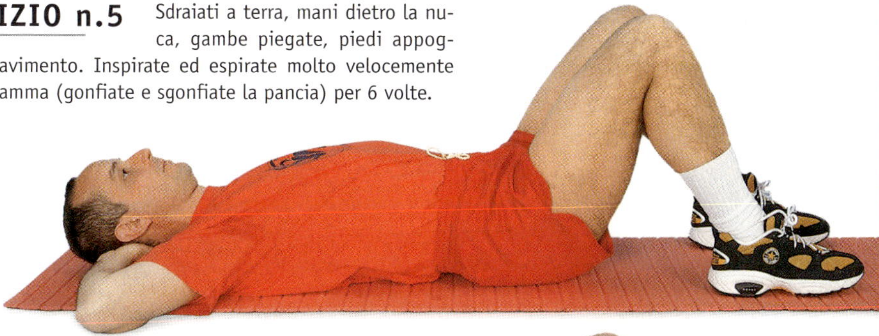

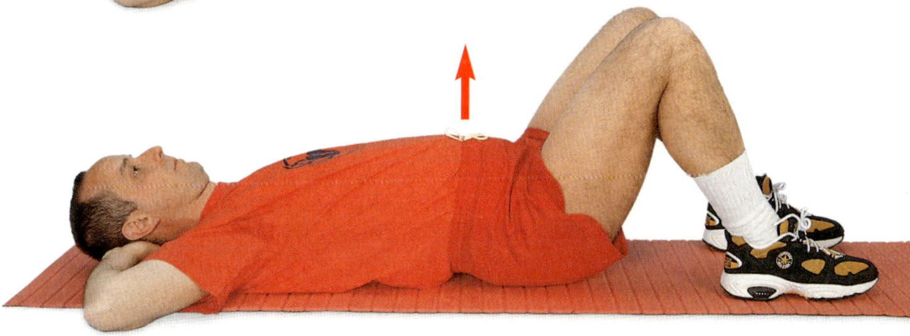

ESERCIZIO n.6

Seduti sul pavimento, gambe flesse verso il torace, piedi sollevati da terra e appoggio sugli avambracci. Respirando con regolarità, slanciate alternativamente le gambe estese in avanti (tipo bicicletta) per 6 volte.

Non abbassate eccessivamente le gambe per evitare l'inarcamento della zona lombare.

ESERCIZIO n.7

Sdraiati, gambe piegate in appoggio sulla sedia e braccia distese in alto. Inspirate; espirando slanciate le braccia verso l'alto e in avanti, avvicinando il busto alle ginocchia. Inspirando ritornate a terra e ripetete.

ESERCIZIO n.8

Sdraiati sul fianco destro, testa appoggiata sulla mano destra, gomito destro a terra, entrambe le gambe distese in basso. Inspirate; espirando sollevate entrambe le gambe, tenendole in linea con il busto. Inspirando rilassate e ripetete.

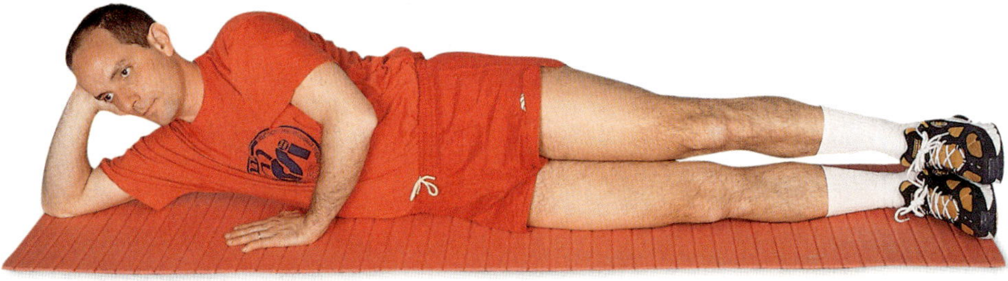

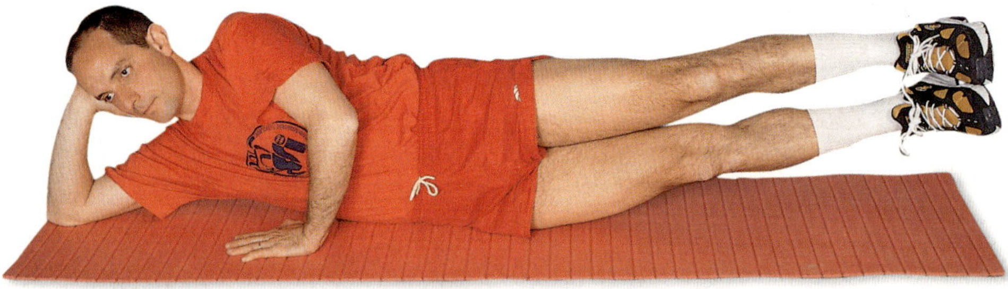

ESERCIZIO n.9

Sdraiati sulla schiena, mani dietro la nuca, piedi in appoggio a terra. Inspirate; espirando sollevate le due gambe flesse e il busto, avvicinandoli fra loro (non superate la linea centrale). Inspirando rilassate e ripetete.

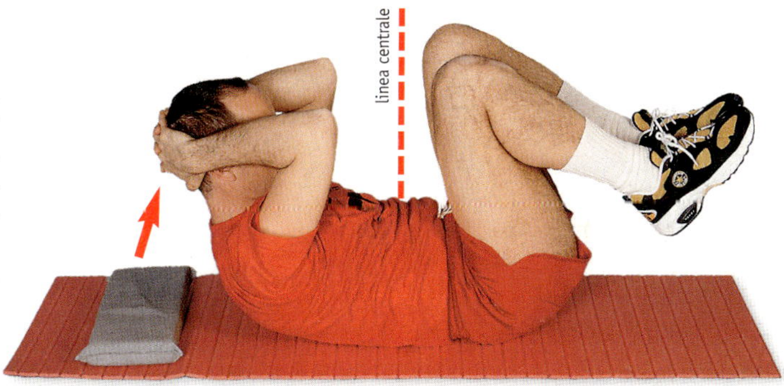

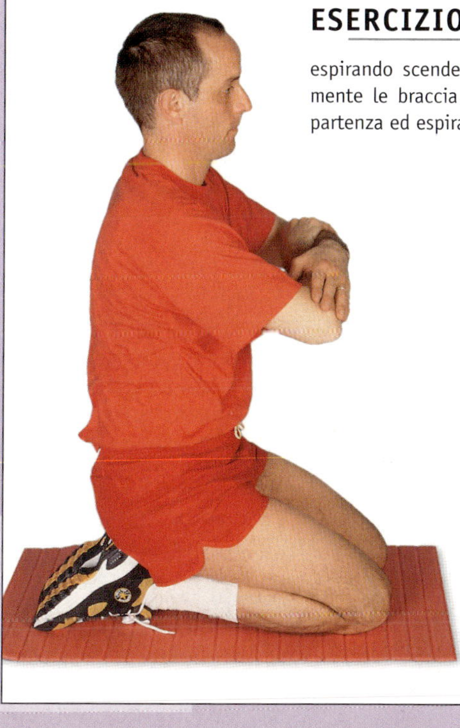

ESERCIZIO n.10

Seduti a terra (sui talloni), mani incrociate davanti al torace, busto eretto. Inspirate; espirando scendete con i glutei verso destra portando contemporaneamente le braccia verso sinistra. Inspirando ritornate nella posizione di partenza ed espirando scendete dalla parte opposta. Ripetete per 6 volte.

ESERCIZIO n.11

Sdraiati sulla schiena, braccia aperte a croce, palmo delle mani rivolto verso il pavimento, gamba destra estesa verso l'alto, gamba sinistra piegata e sollevata. Inspirate; espirando fate scendere lateralmente la gamba verso il basso senza appoggiarla a terra, inspirando ritornate al centro e ripetete con la gamba opposta. Ripetete per 6 volte.

ESERCIZIO n.12

Seduti su una sedia, piedi ben appoggiati a terra, busto eretto mantenendo un bastone sulle spalle.

Inspirate; espirando effettuate una flessione del busto verso sinistra, inspirando ritornate al centro; espirando eseguite una flessione dalla parte opposta. Ripetete per 6 volte.

Esercizi di livello C

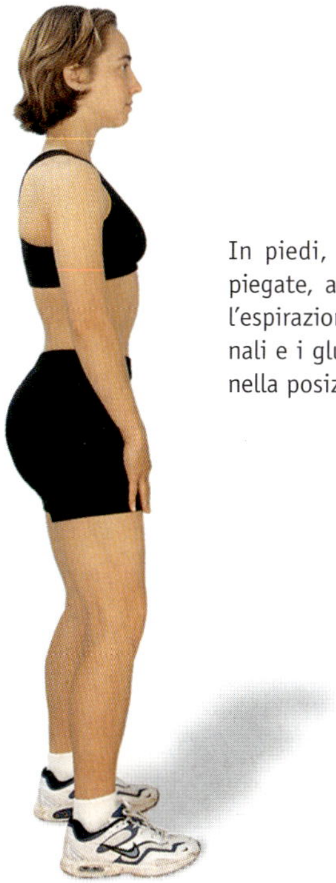

ESERCIZIO n.1

In piedi, gambe leggermente divaricate e piegate, appiattite la zona lombare durante l'espirazione, contraendo i muscoli addominali e i glutei. Inspirando riportate il bacino nella posizione di partenza.

Anche in questa esecuzione dovete ricordare la situazione dell'esercizio n. 1 del livello B. Dovrete quindi assumere e mantenere la posizione corretta come se foste appoggiati a un muro.

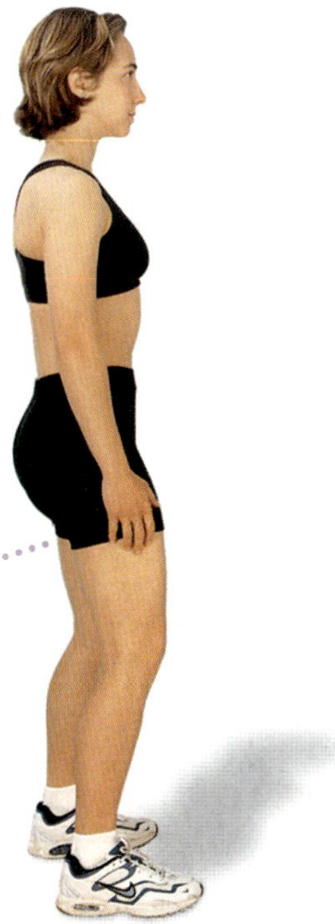

ESERCIZIO n.2

Con i piedi bloccati sotto un mobile, tenete le mani unite con le dita incrociate dietro la nuca, il capo flesso in avanti e le cosce avvicinate ai polpacci. Inspirate; espirando scendete lentamente verso il basso (senza inarcare la schiena) fermandovi per 10-15" nel punto in cui avvertite uno sforzo moderato. Quando la fatica o il tremore si fanno sentire, fermatevi e risalite.

ESERCIZIO n.3

Sdraiati a terra, gamba destra piegata, gamba sinistra distesa verso il basso e braccia lungo i fianchi. Inspirate; espirando portate il busto e contemporaneamente la gamba sinistra verso l'alto cercando di toccare la punta del piede sinistro con le mani. Inspirando ritornate a terra e ripetete con la gamba opposta.

Mantenete sempre una gamba piegata per una corretta esecuzione dell'esercizio.

ESERCIZIO n.4

Sdraiati a terra con il busto ben appoggiato al pavimento, le gambe in avanti e verso l'alto ben divaricate e leggermente flesse. Inspirate; espirando sollevate il busto e avvicinate le mani verso il piede destro. Inspirando scendete e ripetete dalla parte opposta.

Durante l'esercizio, le gambe dovranno sempre restare ferme.

ESERCIZIO n.5

Sdraiati a terra, raccogliete le ginocchia verso il torace con l'aiuto delle mani incrociate. Inspirate ed espirate con l'addome, molto velocemente, tenendo questa posizione, per 6 volte.

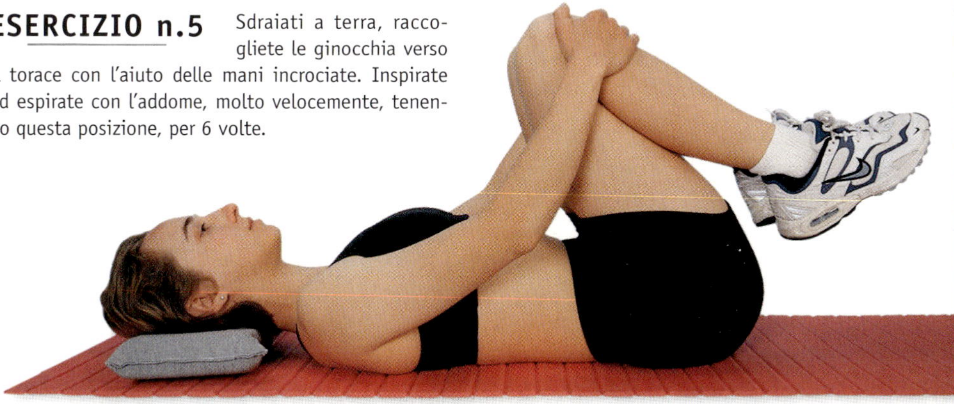

ESERCIZIO n.6

Seduti sul pavimento, gambe flesse verso il torace, piedi sollevati da terra, in appoggio sugli avambracci. Inspirate; espirando (e senza inarcare la zona lombare) estendete le gambe in avanti verso l'alto. Inspirando ritornate e ripetete.

Sostenete la zona lombare con entrambe le mani.

Non abbassate eccessivamente le gambe, per evitare l'inarcamento della zona lombare.

ESERCIZIO n.7

Distesi, gambe piegate in appoggio sulla sedia, mani dietro la nuca, gomiti chiusi.

Inspirate; espirando sollevate la testa, le spalle e il busto verso l'alto, cercando di avvicinare i gomiti alle ginocchia. Inspirando scendete verso il pavimento.

Sollevate in successione la testa, le spalle e la zona dorsale e scendete invertendo la sequenza.

ESERCIZIO n.8

Distesi su un fianco, piedi bloccati sotto un mobile, gambe leggermente piegate, braccia distese verso l'alto e mani unite e incrociate.

Durante l'esercizio mantenete sempre il busto in linea con il bacino.

Inspirate; espirando sollevate il busto dal pavimento mantenendolo in linea con il resto del corpo. Inspirate e scendete verso terra. Dopo 6 ripetizioni cambiate lato.

ESERCIZIO n.9

Sdraiati a terra, braccia in alto, gamba sinistra piegata e gamba destra distesa verso l'alto.

Tenete ferma la gamba estesa verso l'alto durante l'esercizio.

Inspirate; espirando sollevate le braccia, la testa, le spalle e il busto verso l'alto cercando di andare a toccare la gamba. Inspirate e scendete, per ripetere poi con l'altra gamba.

ESERCIZIO n.10

Seduti in equilibrio sul sedere, gambe flesse, braccia distese in avanti. Inspirate; espirando portate le braccia verso destra e le gambe verso sinistra. Inspirando ritornate al centro e ripetete dalla parte opposta.

Non inarcate la zona lombare.

ESERCIZIO n.11

Sdraiati a terra, braccia aperte a croce, palmo delle mani sul pavimento e gambe flesse verso l'alto. Inspirate; espirando portate la gamba sinistra verso la mano destra senza appoggiare a terra la gamba destra. Inspirate e ritornate al centro per poi ripetere dalla parte opposta.

Durante l'esecuzione dell'esercizio, mantenete sempre le spalle a contatto con il pavimento.

ESERCIZIO n.12

Seduti su una sedia o su uno sgabello, piedi ben appoggiati a terra, busto eretto, tenete un bastone impugnandolo alle estremità (va bene anche un manico di scopa) estendendo le braccia in alto. Inspirate; espirando flettete il busto verso destra mantenendo ferme le braccia. Inspirando ritornate al centro e poi ripetete dalla parte opposta.

Esercizi con la panca

La panca per addominali permette di ottenere buoni risultati, in quanto fa lavorare la muscolatura addominale con angolature diverse. Gli esercizi devono essere effettuati controllando la posizione della zona lombare e mantenendo il busto in un atteggiamento corretto. Vediamo quali sono gli esercizi più indicati.

ESERCIZIO n.1

Seduti sulla panca, piedi appoggiati al sostegno inferiore, mani sulla pancia e capo flesso in avanti. Inspirate; espirando scendete con il busto di circa 15-20° mantenendo la posizione per 5".

Inspirando rilassate. Ripetete 10 volte. Le mani possono essere posizionate sul torace o dietro la nuca in rapporto all'allenamento.

ESERCIZIO n.2

Distesi sulla panca, gambe piegate, mani che impugnano il sostegno superiore.

Inspirate; espirando staccate i piedi dall'appoggio e portate le ginocchia verso il torace. Inspirando rilassate. Ripetete 6 volte.

ESERCIZIO n.3

Seduti sulla panca, piedi appoggiati al sostegno inferiore, mani sulla pancia, capo leggermente flesso in avanti e busto inclinato indietro di 15-20°. Inspirate; espirando effettuate 6 torsioni veloci a destra e a sinistra. Inspirando rilassate. Ripetete 4 volte.

Addominali in ufficio

A chi non piacerebbe avere il tempo per frequentare un centro fitness, la palestra insieme agli amici, avere l'attenzione e la cura di personale specializzato? Pensiamo a tutti, ma tutto questo, per tanti motivi, non sempre è possibile. Un luogo che nell'immaginario collettivo risulta essere molto distante dal concetto di palestra, è invece il luogo di lavoro, ufficio o altro spazio dove si svolga la normale attività lavorativa. Fare attività motoria durante l'attività lavorativa dovrebbe rientrare in una normale procedura per il mantenimento dalla salute, che nel nostro paese è ancora molto distante dall'affermarsi, a differenza di altri paesi, dove tale proposta è vista come consuetudine e corretta abitudine quotidiana. Le proposte che verranno descritte sono alla portata di qualsiasi persona e non prevedono abbigliamento particolare e, tantomeno, intensità tale da ritrovarsi costretti a doversi fare una doccia per riprendere l'iter lavorativo. Per farvi perdere meno tempo possibile alla ricerca di un luogo adatto allo svolgimento degli esercizi, si è pensato di effettuare dei movimenti specifici direttamente su un componente di arredo sul quale si passa gran parte della giornata lavorativa: la sedia.

Gli esercizi, infatti, verranno effettuati su una sedia che abbia una buona stabilità, che vi permetta di avere i piedi ben appoggiati a terra sia dotata di ruote per lo spostamento oppure priva delle stesse.

Ma lasciamo perdere le indicazioni teoriche e iniziamo a lavorare!

Se riuscite a eseguire questo piccolo programma di esercizi durante la settimana, potete considerarvi già a buon punto per ottenere una buona tonicità dei vostri addominali e, conseguentemente, una sensazione di maggior sostegno, di minor fatica fisica e, perché no, una migliore estetica!

ESERCIZIO n.1 Questo esercizio prevede l'appoggio allo schienale e il conseguente controllo del busto durante lo svolgimento. Seduti, busto appoggiato allo schienale, mani sulle cosce, piedi appoggiati al pavimento. Inspirate; espirando contraete la muscolatura addominale facendola rientrare verso l'interno. Inspirando rilassate. Ripetere 10 volte.

Durante l'espirazione fate aderire bene la zona lombare allo schienale.

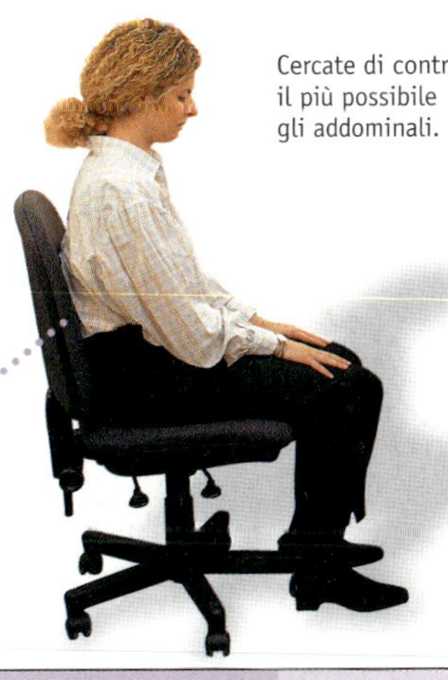

Cercate di contrarre il più possibile gli addominali.

Tenete la testa flessa in avanti durante lo svolgimento dell'esercizio.

Non inarcate la zona lombare.

ESERCIZIO n.2 Per questo esercizio non manteniamo il contatto con la schiena, ma adoperiamo solo la seduta, pur mantenendo i piedi a contatto con il pavimento. Seduti lateralmente senza appoggio sullo schienale, piedi a terra, mani sulla pancia e capo flesso in avanti. Inspirate, espirando scendete con il busto all'indietro di 15-20° sentendo contrarre i muscoli dell'addome e senza inarcare la schiena. Mantenere la posizione per 5" (continuate a espirare!) e poi risalite inspirando. Ripetere 6 volte.

ESERCIZIO n.3 Quest'ultimo esercizio che vi proponiamo vi sembrerà molto complicato e, forse, troppo intenso soprattutto in relazione al fatto che state lavorando e per il fatto che penserete di non avere l'abbigliamento adatto. Non preoccupatevi è più semplice di quel che sembra! Seduti, busto staccato dallo schienale, piedi a terra, mani che impugnano il bordo laterale del sedile. Inspirate; espirando sollevate contemporaneamente i piedi, le ginocchia e i glutei verso l'alto contraendo gli addominali. Inspirando rilassate e sedetevi. Ripetere 6 volte.

Non trattenete il respiro!

Se la sedia su cui siete seduti ha le rotelle, prima di procedere all'esecuzione dell'esercizio, assicuratevi che sia ben appoggiata a un muro o a un mobile.

PROGRAMMA PER LA GRAVIDANZA

Per mantenersi sano ed efficiente, il corpo ha bisogno di un costante e corretto esercizio muscolare e articolare che serve anche a prevenire i segni ineluttabili dell'età.
Tale affermazione diviene ancora più importante durante la gravidanza in quanto il movimento aiuta a espellere eventuali eccessi di acqua e allena il corpo nella sua globalità, ad affrontare con maggiore facilità il travaglio, il parto e la fase post-parto.
L'attività fisica in caso di gravidanza fino a pochi anni fa veniva vista come qualcosa di controindicato se non addirittura pericoloso, mentre si può affermare l'esatto contrario, naturalmente se si agisce sotto controllo medico e con un minimo di buon senso.
L'attività fisica è molto utile per il nascituro e per la madre che così acquisisce più resistenza, più fiducia in se stessa, più energia e tende a tollerare con più resistenza il dolore del parto. Man mano che l'addome cresce, la donna tende in modo naturale a buttare indietro la testa e le spalle, spingendo conseguentemente in avanti l'addome stesso, posizione all'origine di molti mal di schiena che rischiano di trasformare uno dei periodi più belli della vita di una donna in un lungo e fastidioso calvario.
Il lavoro fisico deve essere mirato, spaziando dagli esercizi di tipo aerobico – lunghe passeggiate a piedi e in bicicletta, piacevoli e distensive nuotate – a un lavoro specifico sulla muscolatura addominale e dorsale, senza naturalmente incorrere in sforzi fisici che si rivelerebbero più dannosi che costruttivi.
In gravidanza infatti la fatica è controindicata, in quanto i tempi di recupero sono più lunghi del normale e un eccessivo accumulo di acido lattico (la sostanza che si forma durante il lavoro muscolare) rischia di diventare nocivo per il bambino, mentre lo stesso sistema cardio-circolatorio (cuore, arterie e vene) – già intensamente impegnato – darebbe origine a sensazioni di affanno e disagio generale se posto sotto forte stress. L'aspetto più positivo della gravidanza da un punto di vista motorio, e quindi sfruttabile per ottenere migliori risultati, consiste nella maggior quantità d'ormoni in circolo, che rendono le articolazioni più morbide, facilitandone l'elasticità e il movimento.

COME MUOVERSI

Alcune indicazioni sulla corretta esecuzione di attività come il nuoto e le passeggiate.

▶ Quando camminate controllate la **posizione del corpo**, tenendo una postura con la schiena eretta, le spalle all'indietro e rilassate, e le braccia rilasciate lungo i fianchi in modo che seguano il movimento.

▶ Indossate **scarpe comode**, che sostengano bene la caviglia ammortizzando nel contempo l'impatto del piede sul terreno.

▶ Molte donne invece trovano più piacevole e proficuo **nuotare** perché tale attività dà meno pressioni sulla colonna vertebrale, che non subisce così il carico del peso corporeo. È importante nuotare senza la tavoletta in quanto questo attrezzo può indurre a inarcare la schiena e inoltre è meglio evitare di nuotare "a rana" poiché questo stile può provocare fastidi alla colonna lombare. Per correttezza di informazione bisogna ricordare che l'attività svolta in piscina può essere veicolo di infezioni, per cui è buona norma fare particolare attenzione alla pulizia dei luoghi e alla propria igiene personale.

▶ A partire dal quarto mese l'esecuzione degli esercizi in posizione supina potrebbe dare qualche problema. Questo è dovuto al fatto che il bambino preme sulla vena cava inferiore che fa affluire il sangue al cuore, per cui sarà opportuno cambiare posizione (sedute o in posizione eretta) oppure mettere una salvietta ripiegata sotto un fianco in modo da spostare il bambino e rendere l'esecuzione più agevole.

Gli esercizi più indicati in questo periodo sono quelli relativi alla **respirazione** (vedi pag. 29), alla **mobilità cervicale**, **dorsale** e **lombare** (vedi pagg. 44-49), di **stretching** (vedi pagg. 50-53) e gli esercizi che proponiamo in queste pagine.
Come già detto per il **riscaldamento** si suggerisce di passeggiare o di nuotare in quanto il lavoro specifico proposto in questo testo, in caso di gravidanza, può sollecitare eccessivamente la colonna vertebrale, soprattutto a livello lombare, con conseguenze fastidiose soprattutto quando vi sarà un aumento del peso.

ESERCIZIO n.1

Sdraiate sul dorso, gambe piegate, braccia rilassate, piedi ben appoggiati a terra. Inspirate, quindi espirando, contraete gli addominali appiattendo la curva lombare e sollevando leggermente il pube. Mantenete la posizione per la durata dell'espirazione. Inspirando rilassate e ripetete.

Post-parto

Durante la gravidanza la donna si sente cambiare sia dal punto di vista fisico sia da quello psicologico.
Appena dopo il parto si presentano altri fattori che determinano una certa mutabilità, elementi che devono essere considerati se si vuole tornare ai propri equilibri di sempre.
Da un punto di vista fisico, il **bacino** si è allargato per poter espellere il bambino durante il parto, grazie soprattutto ad alcuni speciali ormoni (progesterone e relaxina) che ammorbidiscono i tessuti permettendo un graduale rilasciamento dei legamenti del corpo. La prima conseguenza in questo senso è una variazione del portamento, con un forte carico a livello della zona lombare.
Altre variazioni avvengono nella zona dell'**utero**, del **pavimento pelvico** ma soprattutto a carico dei **muscoli addominali**.
Il primo effetto tangibile dopo aver partorito è la muscolatura addominale che si presenta floscia e priva di consistenza, anche se appiattita rispetto a prima. Tali muscoli, durante la gravidanza, sono stati tesi attorno all'utero e, per poter tornare nella loro condizione originale, devono essere aiutati e stimolati. I muscoli addominali si uniscono lungo la linea mediana attraverso una striscia di tessuto fibroso detta "linea alba" che, grazie agli ormoni sopracitati, si ammorbidisce permettendo così ai due retti addominali di allargarsi al di sopra e al di sotto dell'ombelico (la cosiddetta "diastasi dei retti") e provocando l'indebolimento della parete addominale e l'insorgenza di dolori alla parte bassa della schiena. Tale situazione si complica in caso di parto multiplo in quanto i muscoli si riveleranno ancor più affaticati e quindi maggiormente bisognosi di intervento.
Quando la muscolatura addominale non dà corretto sostegno ai visceri e agli organi interni provoca uno stato di **stitichezza**, peraltro già presente a causa dell'impigrimento dell'intestino causato dall'intervento del progesterone e della relaxina.
Tutte queste considerazioni, oltre ad altre di ordine emotivo e psicologico, determinano l'urgenza di iniziare a lavorare entro le prime 48 ore dopo il parto, già durante il ricovero in ospedale (anche se la cosa potrà sembrare alquanto strana).

ESERCIZIO n.2

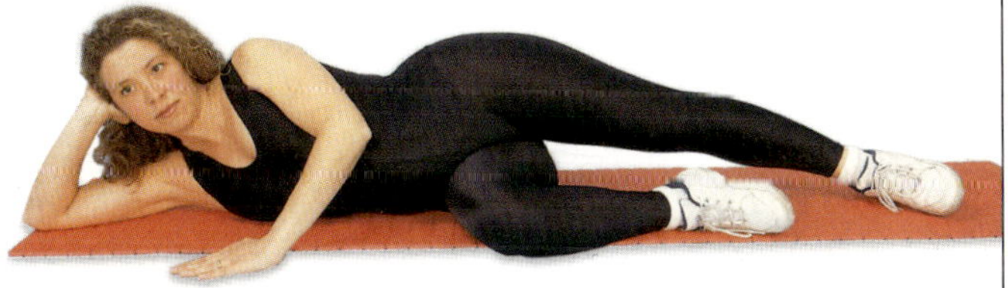

Sdraiate sul fianco destro, testa in appoggio sulla mano destra, gomito destro a terra, gamba destra flessa in avanti e gamba sinistra estesa in basso. Inspirate; espirando sollevate la gamba sinistra in alto, tenendola in linea con il busto. Inspirando rilassate e ripetete. Dopo 6 ripetizioni cambiate la posizione.

Esercizi post-parto

Per l'esecuzione degli esercizi post-parto valgono le indicazioni già previste per il lavoro sugli addominali in condizioni normali, cioè:
- non spingere l'esercizio fino a provare stanchezza o fatica;
- fermarsi se l'organismo lancia segnali particolari (nausea, senso di vertigine...);
- ascoltare il proprio corpo e le sensazioni che trasmette;
- trovare il momento più opportuno per lavorare.

▸ Valutazione dei propri addominali

Si può valutare lo stato dei propri addominali prima di iniziare il lavoro, tenendo come punto di riferimento lo spazio fra i due retti addominali.
Sdraiate, con le gambe piegate, un braccio lungo il fianco, l'altra mano sulla pancia, sollevate la testa e le spalle, stendete il braccio teso verso i piedi e con l'altra mano sentite lo spazio fra le due bande muscolari. All'inizio tale spazio potrà essere di due o tre dita, mentre con il tempo e l'allenamento potrà diminuire, evidenziando il miglioramento del tono muscolare e il conseguente ritorno alla normalità.

Controllate con le dita la distanza fra i due retti.

ESERCIZI NELLE PRIME 48 ORE POST-PARTO

Anche se sembra troppo presto, è importante eseguire i seguenti esercizi.

1 Distese, gambe piegate, braccia lungo i fianchi. Effettuate delle espirazioni forzate, contraendo gli addominali. Ripetete da 4 a 12 volte aumentando il tempo di contrazione dei muscoli.

2 Gambe piegate, braccia rilassate. Eseguite una retroversione del bacino contraendo simultaneamente i glutei e gli addominali. Ripetete da 4 a 12 volte.

A

3 Gambe piegate, braccia lungo i fianchi. Contraendo gli addominali e i glutei ed effettuando la retroversione del bacino, fate scivolare le gambe verso il basso e ritorno, senza inarcare la schiena. Ripetete da 4 a 12 volte.

B

Durante tutta l'esecuzione di questo movimento, mantenete appiattita la zona lombare.

C

Agli esercizi descritti andranno uniti successivamente quelli di respirazione, di rilassamento e di tonificazione del busto.

4 Gambe piegate, braccia lungo i fianchi. Inspirate; espirando sollevate la testa, le spalle e le braccia portandole verso i piedi; mantenete la posizione contando fino a quattro e poi scendete lentamente verso il pavimento. Ripetete da 4 a 8 volte aumentando il tempo da 4 fino a 10 secondi.

ESERCIZI DOPO 6 SETTIMANE E FINO AI 3 MESI

1 Distese, gambe piegate, mani appoggiate sulla pancia. Inspirate e contraendo i glutei sollevate il busto; espirando e contraendo gli addominali sollevate la testa, mantenendo la posizione per 4 secondi. Aumentate il tempo fino ad arrivare a 10 secondi. Ripetete da 4 a 8 volte.

2 Distese, gambe piegate, mani sulle cosce. Inspirate; espirando sollevate la testa, contraete i glutei e i muscoli addominali, avvicinando le mani alle ginocchia e mantenete la posizione per 4 secondi. Ripetete da 5 a 10 volte.

3 Distese a gambe piegate, mani lungo i fianchi. Espirando portate la mano destra vicino al piede sinistro facendo una torsione con il busto. Scendete e ripetete sull'altro lato. Ripetete da 5 a 20 volte.

Durante il movimento di torsione del busto, tenete sempre controllata la zona cervicale.

4 Distese, gambe piegate, braccia lungo i fianchi. Espirando sollevate la testa e le spalle e avvicinate la mano sinistra al piede corrispondente tenendo gli addominali e i glutei contratti. Ritornate al centro e ripetete sul lato opposto. Ripetete da 5 a 20 volte.

5 Distese sul fianco destro, mano destra sotto la nuca, l'altra mano appoggiata a terra vicino al torace. Inspirate; espirando sollevate la gamba sinistra in fuori e verso l'alto, mantenendo la posizione per 4 secondi. Ripetete da 5 a 20 volte per lato, aumentando il tempo da 4 a 10 secondi.

6 Sedute, gambe piegate, mani sulla pancia. Inspirate; espirando scendete lentamente verso il pavimento, fermandovi a metà discesa per 4 secondi. Ripetete da 5 a 20 volte aumentando il tempo da 4 a 10 secondi.

7 Mettetevi carponi (in appoggio sulle mani e sulle ginocchia, come indicato nella fotografia a fianco).

Espirando contraete glutei e addominali spingendo il dorso verso l'alto. Inspirando riportatevi nella posizione iniziale. Ripetete da 10 a 20 volte.

DAI 3 AI 6 MESI

1 Distese a terra, mani dietro la nuca, ginocchia verso il torace. Inspirate; espirando e senza staccare le spalle dal pavimento, portate le gambe piegate verso destra tenendole sollevate. Ritornate al centro e ripetete dalla parte opposta. Ripetete da 5 a 20 volte.

Cercate di non sollevare le spalle ma di mantenerle sempre ben aderenti al pavimento.

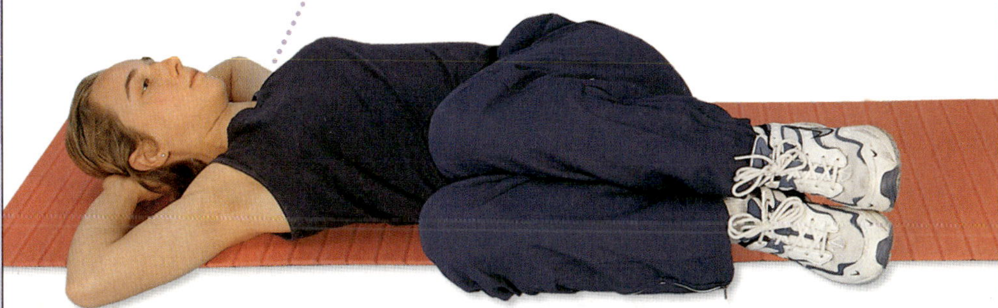

2 Sedute, mani dietro la nuca, gambe piegate. Inspirate; espirando scendete lentamente verso il pavimento e appoggiate in successione: la zona lombare, la zona dorsale, le spalle e la testa. Ritornate verso l'alto aiutandovi con le mani. Ripetete da 5 a 10 volte.

Eseguendo l'esercizio ricordatevi di appoggiare in successione la zona lombare, quella dorsale e infine la zona cervicale.

3 Distese sul fianco destro, gambe stese, mano destra sotto la nuca e mano sinistra davanti al torace appoggiata a terra. Inspirate; espirando sollevate le gambe unite e ritornate. Ripetete da 5 a 10 volte.

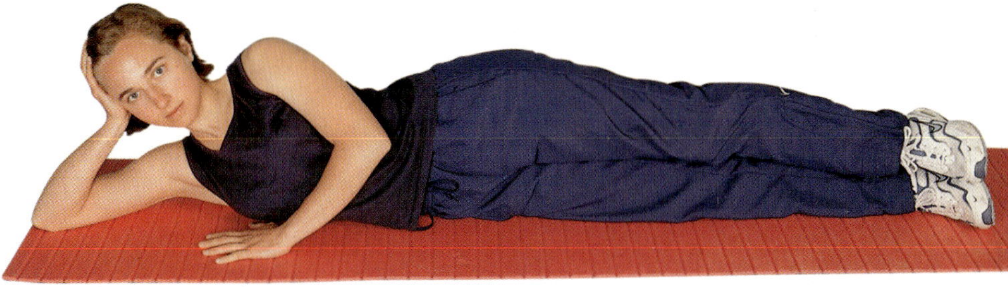

Mantenete le gambe in linea con il busto.

4 In ginocchio, mani sulla pancia. Espirando scendete all'indietro contraendo i glutei e gli addominali. Inspirando ritornate. Ripetete il movimento da 5 a 10 volte.

Titoli in collana

ATTREZZI in casa e in palestra

Combattere la CELLULITE

FITNESS! Il manuale completo

GAG - gambe, addome, glutei

Tutti in forma con la GINNASTICA

Ginnastica AEROBICA

Il metodo PILATES

Il piacere del MASSAGGIO

In forma con lo STEP

L'arte degli ADDOMINALI

LINFODRENAGGIO

MASSAGGIO Il manuale completo

MASSAGGIO zonale

Stretching & STRETCHING

Tecniche SHIATSU

Tutto FITNESS

YOGA per tutti